周易知行

何文匯

商務印書館

周易知行

作　　者：何文匯

責任編輯：楊克惠

封面設計：張　毅

出　　版：商務印書館（香港）有限公司

　　　　　香港筲箕灣耀興道 3 號東滙廣場 8 樓

　　　　　http://www.commercialpress.com.hk

發　　行：香港聯合書刊物流有限公司

　　　　　香港新界大埔汀麗路 36 號中華商務印刷大廈 3 字樓

印　　刷：中華商務彩色印刷有限公司

　　　　　香港新界大埔汀麗路 36 號中華商務印刷大廈 14 字樓

版　　次：2014 年 4 月第 1 版第 1 次印刷

　　　　　© 2014 商務印書館（香港）有限公司

　　　　　ISBN 978 962 07 4491 4

　　　　　Printed in Hong Kong

同聲相應，同氣相求。水流濕，火就燥，雲從龍，風從虎，聖人作而萬物覩。

壬辰子迎

敘

二〇〇五年五月某日亭午，時俊蘇澤光、郭炳聯、馬清鏗三先生與我會於市樓，席上言及《周易》，炳聯兄乃命我以「《周易》與管理」為題，擇日在新鴻基地產公司作講演。同年六月二十二日黃昏，遂於新鴻基中心説《易》，至者百餘人，澤光兄、炳聯兄、清鏗兄俱在座。講畢共進晚餐，盡歡而言別。

二〇〇六年三月九日，又應香港理工大學文化推廣委員會之約，以「漫談《周易》」為題，在校內作講演。前講重義理，是講重考據，至此得《周易》講稿二矣。

二〇一二年，歲次壬辰，龍在水中，慨然有或躍自試之志，於是取二講稿倍而增之，歷時一載，命其文稿曰《周易知行》。香港商務印書館毛永波先生知之，乃取以付梓。不棄之義，豈能或忘。

昔者從陳湛銓教授學《易》，嘗恭讀湛師《周易乾坤文言講疏》及六子、〈繫辭〉等講義，發蒙之力，都在其中。其後治《易》，則以王弼、韓康伯《周易注》、孔穎達《周易正義》、李鼎祚《周易集解》以及明重刻本朱熹《周易本義》為主要參考書，王引之《經義述聞》首二卷為輔。近人時人著述，則王瓊珊《易學通論》、屈萬里《先秦漢魏易例述評》、謝大荒《易經白話註譯》、張立文《周易帛書今注

今譯》以及廖名春《帛書易傳初探》與《帛書周易論集》惠我良多。而《馬王堆漢墓文物》圖冊侈載帛書《周易》照片，筆畫清楚，尤足珍貴。至於曾參考之古今著述尚多，不及一一列舉。

《周易知行》是讀《易》札記，非《易》學入門之書。然觀乎《易》學入門之書非必注明六十四卦卦名讀音，而不識卦名讀音則難以入門，故特於此以普通話及粵語讀音為例，成〈卦名讀音表〉，並於要緊處附《廣韻》切語，以備參考。具見右。

第三十八卦「睽」字切語是「苦圭切」，故應讀陰平聲。然「睽」字另有「其季切」讀法，「其」是濁聲母字，「季」是去聲字，故粵音又可讀陽去聲。粵音陽去聲爆發音聲母不送氣，故讀〈gwɐi〉，與「櫃」同音。今本朱熹《周易本義》卷首所載〈上下經卦名次序歌〉為求協韻，「睽」字必作去聲讀。其歌訣如下：

乾坤屯蒙需訟師，比小畜兮履泰否。

同人大有謙豫隨，蠱臨觀兮噬嗑賁。

剝復无妄大畜頤，大過坎離三十備。

咸恆遯兮及大壯，晉與明夷家人睽。

蹇解損益夬姤萃，升困井革鼎震繼。

艮漸歸妹豐旅巽，兌渙節兮中孚至。

小過既濟兼未濟，是為下經三十四。

卦名讀音表

卦名	普通話	同音字	備註	粵語	同音字	備註	《廣韻》切語（粵音反切：「上字辨陰陽，下字辨平仄。」）
乾	qián	虔		ˌkin	虔		渠焉切
坤	kūn	髡		ˈkwɐn	髡		苦昆切
屯	zhūn	迍	即「迍」	ˈdzœn	迍	即「迍」	陟綸切
蒙	méng	濛		ˌmuŋ	濛		
需	xū	須		ˈsœy	須		
訟	sòng	頌		ˍdzuŋ	頌	陽去聲不送氣	似用切
師	shī	施		ˈsi	施		
比	bǐ	筆	舊讀〈bì〉（「避」）	ˍbei	避	陽去聲不送氣。近也	毗至切
小畜	xiǎoxù	小酗		ˇsiu ˈtsuk	小蓄		「畜」，丑六切，許六切
履	lǚ	縷		ˍlei	理		力几切
泰	tài	太		ˉtai	太		
否	pǐ	匹		ˇpei	鄙	本讀〈ˍpei〉（「婢」）	符鄙切
同人	tóngrén	同仁		ˌtuŋ ˌjɐn	同仁		
大有	dàyǒu	大友		ˍdai ˇjɐu	大友		
謙	qiān	千		ˈhim	「欠」陰平聲		苦兼切
豫	yù	遇		ˍjy	遇		
隨	suí	隋		ˌtsœy	隋		
蠱	gǔ	古		ˇgu	古		

卦名	普通話	同音字	備註	粵語	同音字	備註	《廣韻》切語（粵音反切：「上字辨陰陽，下字辨平仄。」）
臨	lín	林		ˌlɐm	林		
觀	guān	官		ˉgun	貫	示也	古玩切
				ˈgun	官	察也	古丸切
噬嗑	shìhé	誓合		ˍsɐi ˌhɐp	誓合		
賁	bì	庇		ˉbei	庇		彼義切
剝	bō	波		ˈmɔk	「莫」陰入聲	本讀〈ˈbɔk〉（「博」陰入聲）	北角切
復	fù	負		ˍfuk	伏		
无妄	wúwàng	無望		ˌmou ˌmɔŋ	無網	「妄」本讀〈ˍmɔŋ〉（「望」）	巫放切
大畜	dàxù	大酗		ˍdai ˈtsuk	大蓄		
頤	yí	儀		ˌji	儀		
大過	dàguò	大「果」去聲		ˍdai ˉgwɔ	大「果」陰去聲		
坎	kǎn	砍		ˇhɐm	砍		
離	lí	羅		ˌlei	羅		
咸	xián	銜		ˌham	銜		
恆	héng	衡		ˌhɐŋ	衡		
遯	dùn	遁	即「遁」	ˍdɐn	遁	即「遁」	
大壯	dàzhuàng	大狀		ˍdai ˉdzɔŋ	大「狀」陰去聲		
晉	jìn	進	即「進」	ˉdzɐn	進	即「進」	
明夷	míngyí	明怡		ˌmiŋ ˌji	明怡		

IV

卦名	普通話	同音字	備註	粵語	同音字	備註	《廣韻》切語（粵音反切：「上字辨陰陽，下字辨平仄。」）
家人	jiārén	加人		ˈga ˌjɐn	加人		
睽	kuí	葵		ˈkwɐi	虧		苦圭切
蹇	jiǎn	剪		ˇdzin	剪	本讀〈ˇgin〉（「研」），〈ˇdzin〉是仿北音讀法	居偃切
解	xiè	械		ˍhai	械	陽上作去	胡買切
	jiě	姐		ˇgai	「階」陰上聲		佳買切
損	sǔn	笋		ˇsyn	選		
益	yì	億		ˈjik	億		
夬	guài	怪		ˉgwai	怪		古邁切
				ˇgwai	拐	口語變調	
姤	gòu	詬		ˉgɐu	詬	遇也	古候切
萃	cuì	翠		ˍsœy	穗	本讀〈ˍdzœy〉（「罪」），陽去聲不送氣	秦醉切
升	shēng	聲		ˈsiŋ	聲		
困	kùn	「髡」去聲		ˉkwɐn	「髡」陰去聲		
井	jǐng	景		ˇdzɛŋ	「鄭」陰上聲	本讀〈ˇdziŋ〉（「靜」陰上聲），〈ˇdzɛŋ〉是語音	子郢切
革	gé	隔		ˉgak	隔		
鼎	dǐng	酊		ˇdiŋ	酊		

V

卦名	普通話	同音字	備註	粵語	同音字	備註	《廣韻》切語（粵音反切：「上字辨陰陽，下字辨平仄。」）
震	zhèn	振		⁻dzɐn	振		
艮	gèn	「根」去聲		⁻gɐn	「根」陰去聲		古恨切
漸	jiàn	箭		ˍdzim	「尖」陽去聲	陽上作去，陽去聲不送氣	慈染切
歸妹	guīmèi	閨昧		ˈgwɐiˍmui	閨昧		「歸」，舉韋切；「妹」，莫佩切
豐	fēng	風		ˈfuŋ	風		
旅	lǚ	呂		ˌlœy	呂		
巽	xùn	遜	「巽」、「遜」舊又讀〈sùn〉（「損」去聲）	⁻sœn	遜		
兌	duì	隊		ˍdœy	隊		
渙	huàn	換		ˍwun	換	本讀〈⁻wun〉（「換」陰去聲）	火貫切
節	jié	截		⁻dzit	「截」中入聲		子結切
中孚	zhōngfú	中扶		ˈdzuŋˈfu	中膚		芳無切
小過	xiǎoguò	小「果」去聲		ˌsiu⁻gwɔ	小「果」陰去聲		
既濟	jìjì	記際		⁻geiˍdzɐi	記際		
未濟	wèijì	味際		ˍmei⁻dzɐi	味際		

又今本《本義》卷首所載「卦歌」是初學者之入門金鑰，上引〈上下經卦名次序歌〉即其一，而〈八卦取象歌〉最為膾炙人口。其歌訣如下：

☰ 乾三連， ☷ 坤六斷。

☳ 震仰盂， ☶ 艮覆碗。

☲ 離中虛， ☵ 坎中滿。

☱ 兌上缺， ☴ 巽下斷。

又有〈分宮卦象次序〉歌訣，分八宮排卦，尤利初學。茲略述如下。

西漢京房有八宮排卦之法。《京氏易傳》中，八宮卦之排列次序為乾（父）、震（長男）、坎（中男）、艮（少男）以及坤（母）、巽（長女）、離（中女）、兌（少女）。乾宮中，乾是首卦；變其初爻成姤，為一世卦，是乾宮第二卦；繼而變姤第二爻成遯，為二世卦，是乾宮第三卦；繼而變遯第三爻為否，為三世卦，是乾宮第四卦；繼而變否第四爻成觀，為四世卦，是乾宮第五卦；繼而變觀第五爻成剝，為五世卦，是乾宮第六卦；繼而變剝第四爻（即上卦下爻）成晉，為游魂卦，是乾宮第七卦；終而變晉下三爻（即下卦）成大有，為歸魂卦，是乾宮第八卦。其餘七宮皆依此例排卦：以純卦為本宮首卦，然後依次變初爻（一世）、二爻（二世）、三爻（三世）、四爻（四世）、五爻（五世）、上卦下爻（游魂）、下卦（歸魂）。變者，陽變陰、陰變陽也。

今本《本義》所載八宮諸卦全依京氏，唯排序則以後天八卦方

位順數，即乾、坎、艮、震、巽、離、坤、兌。《本義》在〈分宮卦象次序〉題下注云：「乾坎艮震為陽四宮，巽離坤兌為陰四宮，每宮陰陽八卦。」該歌訣如下：

乾為天，天風姤，天山遯，天地否，風地觀，

山地剝，火地晉，火天大有。

坎為水，水澤節，水雷屯，水火既濟，澤火革，

雷火豐，地火明夷，地水師。

艮為山，山火賁，山天大畜，山澤損，火澤睽，

天澤履，風澤中孚，風山漸。

震為雷，雷地豫，雷水解，雷風恆，地風升，

水風井，澤風大過，澤雷隨。

巽為風，風天小畜，風火家人，風雷益，天雷无妄，

火雷噬嗑，山雷頤，山風蠱。

離為火，火山旅，火風鼎，火水未濟，山水蒙，

風水渙，天水訟，天火同人。

坤為地，地雷復，地澤臨，地天泰，雷天大壯，

澤天夬，水天需，水地比。

兌為澤，澤水困，澤地萃，澤山咸，水山蹇，

地山謙，雷山小過，雷澤歸妹。

此歌訣利於辨識卦符，尤當記誦。否則蹞步未成，無以至千里矣。

案原本《周易本義》以上下經為二卷，十翼自為十卷。南宋末，董楷割裂其文，散附程頤《易傳》之後，成《周易傳義附錄》。程《傳》用王弼本，經傳相雜，與原本《本義》之體例迥異。沿及明永樂中，胡廣等纂《周易大全》，一仍董書之體。至成矩重刻《本義》，合為四卷，亦用程《傳》次序，即所謂今本，而「卦歌」乃今本所增列者。《四庫提要》言之詳矣。今諸本尚存，而南宋末吳革所刊原本《周易本義》及董楷所撰《周易傳義附錄》都無「卦歌」，唯舊題邵雍《河洛理數》卷一則有上引三歌訣，作者固不可知矣。然亦不害其為入門金鑰也。

京氏八宮有其占算之用。然依定式排卦序之法實不自京房始，帛書《周易》上下卦相配合亦如是。其法：依次以乾（父）、艮（少男）、坎（中男）、震（長男）、坤（母）、兌（少女）、離（中女）、巽（長女）為上卦，先以本卦為下卦，然後依次配以乾（父）、坤（母）、艮（少男）、兌（少女）、坎（中男）、離（中女）、震（長男）、巽（長女）其餘七卦為下卦。故其卦序如下：

乾、否、遯、履、訟、同人、无妄、姤、

艮、大畜、剝、損、蒙、賁、頤、蠱、

坎、需、比、蹇、節、既濟、屯、井、

震、大壯、豫、小過、歸妹、解、豐、恆、

坤、泰、謙、臨、師、明夷、復、升、

兌、夬、萃、咸、困、革、隨、大過、

離、大有、晉、旅、睽、未濟、噬嗑、鼎、

巽、小畜、觀、漸、中孚、渙、家人、益。

　　帛書卦序如此，厥義難知。其法與通行本以旁通、反卦及理數排序之法異，然卦名不異，故泰否、剝復、損益諸卦無復相合矣。

　　又《周易》卦辭曰「彖」，「十翼」中釋卦辭之文亦曰「彖」，《廣韻》讀「通貫切」，清聲母去聲。今普通話讀〈tuàn〉，即「團」之去聲；粵語讀〈⁻tœn〉，即「盾」之陰去聲。粵語亦讀「彖」如「盾」，陽上聲，蓋說粵語者常誤陽上為陰去，又常讀陰去為陽上，如「宿舍」之「舍」、「考試」之「試」、「大使」之「使」、「何處」之「處」是。然「彖」字在韻書中並無上聲讀音，故仍以陰去為合。

　　本書分兩部說《周易》，第一部事考據，第二部明義理，務求深入淺出。書中文體以語體文為主。然解釋經傳時因多引古人語，為使語氣連貫，又為節省篇幅，乃改用淺近文言。內文因此語體與文言互見，扞格在所見難免，尤望讀者見諒。書稿付印前，蒙畢宛嬰女士相與斟酌文字，謹致謝意。

　　年前告退，蒙香港中文大學新亞書院及中國語言及文學系授以名譽職銜，乃可如常出入校園與校內各圖書館，使學思不輟，而本書遂亦得以寫成。又以積勞之故，近罹眼疾，蒙舊同事羅偉基教授乘夜救治，得保視力。撰稿期間，偉基兄驗治轉頻，丁寧有加，我自保養不敢稍懈。《易》曰：「巽而耳目聰明。」良有以也。二〇一四年二月，龍集甲午，天地交泰，何文匯敘。

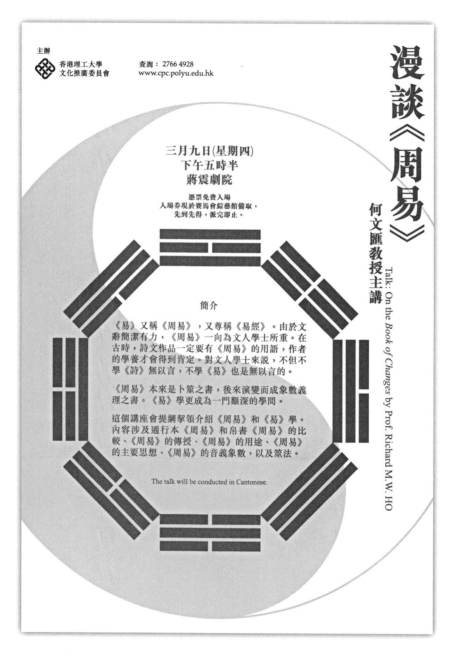

漫談《周易》

何文匯教授主講

Talk: On the *Book of Changes* by Prof. Richard M.W. HO

主辦

香港理工大學
文化推廣委員會

查詢： 2766 4928
www.cpc.polyu.edu.hk

三月九日(星期四)
下午五時半
蔣震劇院

憑票免費入場
入場券現於賽馬會綜藝館備取，
先到先得，派完即止。

簡介

《易》又稱《周易》，又尊稱《易經》。由於文辭簡潔有力，《周易》一向為文人學士所重。在古時，詩文作品一定要有《周易》的用語，作者的學養才會得到肯定。對文人學士來說，不但不學《詩》無以言，不學《易》也是無以言的。

《周易》本來是卜筮之書，後來演變而成象數義理之書。《易》學更成為一門艱深的學問。

這個講座會提綱挈領介紹《周易》和《易》學。內容涉及通行本《周易》和帛書《周易》的比較、《周易》的傳授、《周易》的用途、《周易》的主要思想、《周易》的音義象數，以及筮法。

The talk will be conducted in Cantonese.

目　錄

敘　　　　　　　　　　何文匯　　I

第一部

第一章：《周易》名義試釋　　｜　2

《易》、《周易》、《易經》　　　2

「易」之三義　　　9

五十以學《易》　　　15

第二章：《周易》聖人之道新詮　　｜　24

聖人之道四　　　24

卦爻辭與十翼　　　30

名言示例　　　50

第三章：《周易》異文異義舉隅　　｜　59

因行文簡約而產生的異義　　　60

帛書《周易》的啟示　　　83

上古音韻的啟示　　　95

第二部

第一章：《周易》的主要思想　　110

時　　110

位　　112

應　　114

中　　117

正　　127

中正　　130

正中　　132

當　　133

第二章：《周易》的處世哲學　　157

剛中　　157

順巽　　168

第三章：《周易》的管理哲學　　178

大象析義　　180

綜論　　206

第一部

第一章：《周易》名義試釋

《易》、《周易》、《易經》

　　《周易》原名《易》，是一本充滿哲理的卜筮寶典。《左傳·昭公二年》云：「晉侯使韓宣子來聘，且告為政而來見，禮也。觀書於大〔即「太」〕史氏，見《易象》與《魯春秋》，曰：『周禮盡在魯矣，吾乃今知周公之德〔周公旦封於魯，留相成王，使其子伯禽代就封〕與周之所以王也。』」西晉杜預注「盡在魯矣」云：「《易象》，上下經之象辭；《魯春秋》，史記之策書。《春秋》遵周公之典以序事，故曰『周禮盡在魯矣』。」注「所以王也」云：「《易象》、《春秋》，文王、周公之制〔即遵文王周公之制〕。當此時，儒道廢，諸國多闕，唯魯備。故宣子適魯而説〔同「悦」〕之。」從《左傳》所記載和杜預〈注〉中，我們知道《易》興於周，弘於魯，所以後來乃有文王重卦、周公作爻辭之説。不過，春秋時《易》未稱「經」，所以是否如杜預所説有「上下經」還成疑問。但可以肯定的是，當時的《易象》一定能夠演繹《易》作為卜筮之書的特性，不然韓起不會見到《易象》即大為讚歎。從而可推斷《易象》是魯國所傳的篇章，晉國當時並沒有類似《易象》的典籍。[注]

　　《左傳·莊公二十二年》云：「周史〔杜注：「周大史也。」〕有

以《周易》見陳侯者，陳侯使筮之，遇觀之否〔即第四爻動〕，曰：『是謂「觀國之光，利用賓于王」，此其代陳有國乎？』」可見陳國當時並沒有《周易》。

在通行本《周易》中，〈繫辭〉和〈說卦〉都只稱《周易》為《易》，這是本名。《易》而外，《荀子》、《呂氏春秋》都只稱《周易》為《易》。甚至到了西漢，《禮記》、《新語》、《新書》、《春秋繁露》、《韓詩外傳》、《淮南子》等典籍也都只稱《周易》為《易》，主要用於「《易》曰」一詞，而《荀子・大略》的「《易》之咸見夫婦」是例外，但更突顯《易》作為書名的獨立性。

單音節詞「易」變而成為雙音節詞「周易」，大抵東周時先流行於口語，而後著於文字。《周易》的「周」，指的當是以鎬為首都的周，即後世稱為「西周」的周。東周亡後，「周」才有「周代」的含義。

在戰國的史書中，《國語》有三處言及《易》筮，稱《易》者一次，在〈晉語四〉：「是在《易》皆利建侯。」《左傳》有十九處言及《易》筮，稱《易》者兩次（〈昭公二年〉言《易象》不算在內，以其不涉占筮），在〈昭公十二年〉：「且夫《易》不可以占險，將何事也？」以及〈昭公三十二年〉：「在《易》卦，雷乘乾曰大壯，天之道也。」在「《易》卦」一詞中，「易」是複合詞的一部分。《左傳》稱《周易》者則有十次之多，分別為：

(01)〈莊公二十二年〉：「周史有以《周易》見陳侯者，陳侯使筮之，

遇觀之否。」

(02) 〈宣公六年〉：「無德而貪，其在《周易》豐之離，弗過之矣。」

(03) 〈宣公十二年〉：「《周易》有之，在師之臨。」

(04) 〈襄公九年〉：「是於《周易》曰：『隨，元亨利貞，无咎。』」

(05) 〈襄公二十八年〉：「《周易》有之，在復之頤。」

(06) 〈昭公元年〉：「在《周易》，女惑男、風落山，謂之蠱。」

(07) 〈昭公五年〉：「莊叔以《周易》筮之，遇明夷之謙。」

(08) 〈昭公七年〉：「孔成子以《周易》筮之，曰：『元尚享衛國，主其社稷？』遇屯。」

(09) 〈昭公二十九年〉：「不然《周易》有之，在乾之姤曰：『潛龍勿用。』其同人曰：『見龍在田。』」

(10) 〈哀公九年〉：「陽虎以《周易》筮之，遇泰之需。」

《周易》這個稱謂終因《左傳》而得以建立和流傳至今。

唐孔穎達《周易正義》卷一〈論三代《易》名〉云：

> 案《周禮・大卜》「三易」云：「一曰『連山』，二曰『歸藏』，三曰『周易』。」杜子春云：「連山，伏犧；歸藏，黃帝。」鄭玄《易贊》及《易論》云：「夏曰『連山』，殷曰『歸藏』，周曰『周易』。」鄭玄又釋云：「連山者，象山之出雲，連連不絕；歸藏者，萬物莫不歸藏於其中；周易者，言《易》道周普，无所不備。」鄭玄雖有此釋，更无所據之文，先儒因此遂為文質之義，皆煩而无用，今所不取。案《世譜》等群書，神農一曰連山氏，亦曰列山氏，黃帝一曰歸藏氏。既連山、歸藏，並是代

號，則《周易》稱「周」，取岐陽地名。《毛詩》云「周原膴膴」是也。又文王作《易》之時，正在羑里，周德未興，猶是殷世也，故題「周」別於殷。以此文王所演，故謂之《周易》，其猶《周書》、《周禮》，題「周」以別餘代，故《易》緯云：「因代以題『周』。」是也。先儒又兼取鄭說云：「既指周代之名，亦是普徧之義。」雖欲無所遐棄，亦恐未可盡通。其《易》題「周」，因代以稱「周」，是先儒更不別解。唯皇甫謐云：「文王在羑里，演六十四卦，著七八九六之爻，謂之《周易》。」以此文王安「周」字。其〈繫辭〉之文，「連山」、「歸藏」无以言也。

東漢大儒鄭玄解經往往有創意，因此有時不免附會，此又一例。先是《周禮》搬出「三《易》」一詞，鄭玄惑於「連」和「歸」的詞性，只好以「周」為「周普」之義。這解釋毫無根據，所以並不為孔穎達所採納。孔君認為《易》又名《周易》，是「題『周』別於殷」以及「題『周』以別餘代」，這意見相當合理。而西晉皇甫謐謂周文王為西伯時自名其卜筮之書為《周易》，恐怕又是臆度之詞，但孔穎達似乎同意此一說。

1993 年在湖北江陵縣王家台秦墓出土的秦代竹簡，據研究報告，有三百九十四支關乎占筮，其中多支的文字已殘缺。學者一般認為這些竹簡文字是《歸藏》的戰國末期抄本，其中更摻用周代故事。抄本以坤為第一卦，乾為第二卦，兩卦均有卦畫而無卦

名。坤卦畫後有「夤曰不仁昔者夏后启是以登天……」等字，有學者認為「曰」前即卦名；乾卦畫後有「天目朝夕不利為芇……」等字，有學者認為「目」是「曰」的訛字，「目」前即卦名。屯、蒙以後，卦名和卦序與通行本並不完全相同。坤乾以外諸卦多數首列卦畫，次列卦名，卦名後有「曰」字，再錄故事，以「昔者」發端，例如：「師曰昔者穆天子卜出師而攴占……」，「困曰昔者夏后启卜亓邦尚毋有咎而攴占……」，「漸曰昔者殷王貞卜亓邦尚毋有咎而攴占巫咸夕夕占之曰不吉……」，體制和《周易》卦辭不同。抄本並沒有爻辭。《歸藏》如果確是殷代的占書，當然極可能是《周易》的底本之一，但《歸藏》以至《連山》在周興之前是否叫做《歸藏易》和《連山易》呢？恐怕未必。我們甚至不能肯定《連山》和《歸藏》是周以前已有的「書名」。從現有的材料推測，周以前的卜筮典籍並不以「易」為名，「易」是周代官方筮書之名，所以《論語》、〈繫辭〉、〈說卦〉都只稱《周易》為《易》。皇甫謐認為文王名其筮書為《周易》，當不可信。而《連山》、《歸藏》被視為《易》，看來是因為周代的官方筮書名《易》，才兼視之為《易》，使周代的《易》失去了獨特性。

《易經》一名頗為晚出。唐孔穎達《周易正義》卷一〈論誰加經字〉云：

但〈子夏傳〉云雖分為上下二篇，未有「經」字。「經」字是後人所加，不知起自誰始。案前漢孟喜《易》本云分上下二經，是孟喜之前已題「經」字。其篇題「經」

字雖起於後，其稱「經」之理則久在於前。故《禮記‧經解》云：「絜靜精微，《易》教也。」既在〈經解〉之篇，是《易》有稱「經」之理。案〈經解〉之篇備論六藝，則《詩》、《書》、《禮》、《樂》並合稱「經」，而《孝經》緯〔《援神契》〕稱：「《易》建八卦，序六十四卦，轉成三百八十四爻，運機布度，其氣轉易〔讀入聲〕，故稱經也。」但緯文鄙偽，不可全信。其八卦方位之所，六爻上下之次，七八九六之數，內外承乘之象，入經別釋，此未具論也。

《漢書‧藝文志》引漢劉歆《七略》所載，有：「《易經》十二篇，施、孟、梁丘三家。」唐顏師古〈注〉：「上下經及十翼，故十二篇〔孔穎達《周易正義》卷一〈論夫子十翼〉：「故一家數『十翼』云：『上彖一、下彖二、上象三、下象四、上繫五、下繫六、文言七、說卦八、序卦九、雜卦十。』鄭學之徒並同此說，故今亦依之。」〕。」〈藝文志〉又有：「《易傳》，周氏二篇（字王孫也）、服氏二篇〔顏師古〈注〉：「劉向《別錄》云：『服氏，齊人，號服光。』」〕、楊氏二篇（名何，字叔元，菑川人）、蔡公二篇（衛人，事周王孫）、韓氏二篇（名嬰）、王氏二篇（名同）、丁氏八篇（名寬，字子襄，梁人也）。」究竟周王孫的《易傳》是指周氏注「十翼」之作還是周氏解《易》的「傳」？漢人注《易》沒有只注「十翼」而不注「上下經」之理，所以這「傳」當是解釋上下經及十翼之作。《漢書‧藝文志》云：「孔氏為之彖、象、繫辭、文言、序卦之屬十篇。故曰《易》道深矣，人更三聖，世歷三古。」雖然後世一般不相信十翼為孔子所作，

而多認為是孔門弟子或孔氏傳人所作（象、象的原作大抵比孔子還要早），但漢人卻一般認為孔子作十翼。故十翼雖然是卦爻辭的「傳」，但因出於孔子，故雖是「傳」，也被視為「經」。是以〈藝文志〉的「易傳」必非指十翼或十翼注，而是指經學家如周氏者的《易》說。唐陸德明《經典釋文・注解傳述人》云：「漢興，田何以齊田徙杜陵，號杜田生，授東武王同子中及洛陽周王孫、梁人丁寬、齊服生，皆著《易》傳。漢初言《易》者本之田生。」《釋文》謂王同、周王孫、丁寬、服生皆著《易》傳，即指此。

〈藝文志〉又有：「《章句》，施、孟、梁丘氏各二篇。」《經典釋文》云：「〔王〕同授淄川楊何，〔丁〕寬授同郡碭田王孫，王孫授施讎及孟喜、梁丘賀，由是有施、孟、梁丘之學焉。」這些章句肯定是整部《周易》又稱《易經》的注解。

1882 年，英國（聯合王國）著名漢學家、蘇格蘭傳教士 James Legge（理雅各）在牛津出版了劃時代的《周易》繙譯，名為 *The Yî King, or Book of Changes*。1963 年，這本書於 1899 年刊印的第二版獲美國出版公司 Dover Publications 重印，內文不變，封面書名則用當時在國際流行的譯音法——the Wade-Giles system，改為 *The I Ching, the Book of Changes*。1971 年，美國另一出版公司，The New American Library，把理雅各譯文的艱深譯音全改為 Wade-Giles 系統的譯音，稍加編訂後出版，名為 *I Ching*。

另一方面，德國漢學家 Richard Wilhelm（衛禮賢）則把《周易》

譯成德文,在 1924 年出版。後來美國人 Cary Baynes 根據德文本轉譯成英文,於 1950 年由美國普林斯頓大學出版部初版刊行,題為 *The I Ching, or Book of Changes*,至今已多次重印。《易經》由是成為《周易》的國際名稱。中國民間也習慣叫《易經》,《周易》可能只是學界的用詞。

學界之所以較多用《周易》而少用《易經》一詞,主要因為《周易》經中有經,容易使人混淆。近代經學家高亨詳注《周易》卦爻辭而成書,名為《周易古經今注》,正表示了他對《周易》中的「經」和「傳」有不同的看待。

「易」之三義

《易》是一本言變化的書,能幫助占筮者及時把握變化的機遇。因為「易」字不止一義,所以漢代學者在窮探《易》理之餘,更推動《易》有「變易」、「易簡」和「不易」三義之說。下面討論一下。

唐孔穎達《周易正義》卷一〈論「易」之三名〉云:

夫「易」者變化之總名,改換之殊稱。自天地開闢,陰陽運行,寒暑迭來,日月更出,孚萌庶類,亭毒〔「亭毒」即「化育」〕群品,新新不停,生生相續。莫非資變化之力、換代之功。然變化運行,在陰陽二氣,故聖人初畫八卦,設剛柔兩畫,象二氣也;布以三位,象三

才也；謂之為《易》，取變化之義。既義揔變化而獨以「易」為名者，《易》緯《乾鑿度》云：「《易》一名而含三義〔此乃鄭玄語。《乾鑿度》發端云：「孔子曰：『易者，易也，變易也，不易也。』」案孔君引文頗異於今本《乾鑿度》，其意則近〕，所謂易〔即「簡易」〕也，變易也，不易也。易〔「易」讀去聲〕者其德也，光明四通，簡易立節，天以爛明。日月星辰，布設張列。通精〔通行本作「情」〕無門，藏神無穴〔通行本作「內」〕，不煩不擾〔通行本作「撓」〕，澹泊不失，此其易〔即「簡易」〕也。變易〔「易」讀入聲〕者其氣也。天地不變不能通氣，五行迭終，四時更廢，君臣取象，變節相移〔通行本作「和」〕。能消者息〔「息」即「生長」，「消」之反〕，必專者敗，此其變易也。不易〔「易」讀入聲〕者其位也。天在上，地在下，君南面，臣北面，父坐子伏，此其不易也。」鄭玄依此義作《易贊》及《易論》云：「《易》一名而含三義：易簡一也，變易二也，不易三也。故〈繫辭〉云：『乾坤其《易》之蘊邪？』又云：『《易》之門戶邪？』又云：『夫乾，確然示人易矣；夫坤，隤然示人簡矣。易則易知，簡則易從。』此言其易簡之法則也。又云：『為道也屢遷，變動不居，周流六虛。上下無常，剛柔相易，不可為典要，唯變所適。』此言順時變易，出入移動者也。又云：『天尊地卑，乾坤定矣。卑高以陳，貴賤位矣。動靜有常，剛柔斷矣。』此言其張設布列，不易者也。」崔覲、劉貞簡〔劉瓛，南朝齊梁時人；崔覲當亦南朝人〕等並

用此義，云：「易者，謂生生之德，有易簡之義；不易者，言天地定位，不可相易；變易者，謂生生之道，變而相續。」皆以緯稱「不煩不擾，澹泊不失」，此明是易簡之義，無為之道，故易者易〔去聲〕也，作「難易」之音。而周簡子〔周宏正，南朝陳人〕云：「易者易〔孔穎達自注：「音亦。」〕也，不易者變易也。易者，易代〔即「替代」〕之名，凡有無相代，彼此相易，皆是易〔入聲〕義。不易者，常體之名，有常有體，無常無體，是不易〔入聲〕之義。變易者，相變改之名，兩有〔即「兩個『有』」〕相變，此為變易。」張氏、何氏，並用此義，云：「易者換代之名，待奪之義。」因於《乾鑿度》云「易者其德也」，或沒而不論，或云：「德者得也，萬法相形，皆得相易。」不顧緯文「不煩不擾」之言，所謂用其文而背其義，何不思之甚？故今之所用，同鄭康成等「易者易也」，音為「難易」之音，義為「簡易」之義，得緯文之本實也。

蓋《易》之三義，唯在於有；然有從无出，理則包无。故《乾鑿度》云：「夫有形者生於无形，則乾坤〔轉言「天地」〕安從而生？故有太易〔「易」讀去聲〕，有太初，有太始，有太素。太易者，未見氣也；太初者，氣之始也；太始者，形之始也；太素者，質之始也。氣形質具而未相離，謂之渾沌〔通行本作「淪」〕。渾沌者，言萬物相渾沌〔通行本作「成」〕而未相離也。視之不見，

聽之不聞，循之不得，故曰易也。」是知《易》理備包有无，而《易》象唯在於有者，蓋以聖人作《易》，本以垂教；教之所備，本備於有。故〈繫辭〉云：「形而上者謂之道。」道即无也；「形而下者謂之器。」器即有也。故以无言之，存乎道體；以有言之，存乎器用；以變化言之，存乎其神；以生成言之，存乎其易；以真言之，存乎其性；以邪言之，存乎其情；以氣言之，存乎陰陽；以質言之，存乎爻象；以教言之，存乎精義；以人言之，存乎景行。此等是也。且《易》者象也，物无不可象也。作《易》所以垂教者，即《乾鑿度》云：「孔子曰：『上古之時，人民無別，群物未殊，未有衣食器用之利。伏犧乃仰觀象於天，俯觀法於地，中觀萬物之宜，於是始作八卦，以通神明之德，以類萬物之情。故《易》者，所以斷〔通行本作「繼」〕天地，理人倫而明王道；是以畫八卦，建五氣，以立五常之行；象法乾坤，順陰陽，以正君臣父子夫婦之義；度時制宜，作為罔罟，以佃以漁，以贍民用。於是人民乃治，君親以尊，臣子以順，群生和洽，各安其性。』」此其作《易》垂教之本意也。

在引文中，孔穎達首先肯定了《易》之命名，是取變化之義。但是取變化之義不一定要名之為《易》。孔君認為《易》之所以名《易》，正因「易」字不止一義，卻都符合《易》之義。孔君於是引西漢緯書《乾鑿度》之文以明「《易》一名而含三義」之說。三義是

「簡易」、「變易」和「不易」。緯書的解釋是:「簡易」是《易》之德,「德」即「德性」、「個性」,謂《易》的個性光明磊落,無隱無欲;「變易」是《易》之氣,循天地的自然規律而變化;「不易」是《易》之位,《易》所言的尊卑之位和剛柔之性是恆常不變的,也可被視為恆常不變之理。

「三義」之說得到東漢大儒鄭玄的認同,並引〈繫辭〉之文加以說明。因為三義說獲鄭玄推廣,孔穎達便不能像先前評《孝經》緯般說「緯文鄙偽,不可全信」,反而要侈引《乾鑿度》以詳釋三義,並且力斥周簡子之徒誤解緯書之非。

《乾鑿度》是一本以道家思想為依歸的緯書,所以不免要討論道的「有」與「無」。孔君亦加以闡釋。孔君引緯書已言:「光明四通,簡易立命,天以爛明。日月星辰,布設張列。通精〔情〕無門,藏神無穴〔內〕,不煩不擾〔撓〕,澹泊不失,此其易也〔孔君改易緯書語而成四字句〕。」至論及「乾坤安從而生」,卻改變了口風,以「易」來形容天地未生、形與質未相離的渾沌狀態:「視之不見,聽之不聞,循之不得,故曰易也。」足見言多必失。《周易》說乾易坤簡,指的是乾坤兩卦的道理容易理解,並不艱深;而緯書經過曲折的推論之後,卻說「易」乃指天地未判之象,這和「乾以易知,坤以簡能」全扯不上關係。而且〈繫辭〉說「易則易知」,「視之不見」怎會易知呢?

孔君欲為緯書開脫,於是以「道無器有」為之注腳。但孔君所

說的，是氣和質相離後，「無」存乎道體，「有」則存乎器用；而緯書所說的，卻是乾坤天地是「有」，未生是「無」。緯書在演繹《老子》之說，孔君則以〈繫辭〉釋之，真可謂圓鑿方枘。

《乾鑿度》謂「易者德也」，即「簡易」是《易》之德；又謂「變易者其氣也」，即謂《易》之氣變動不居。那麼「易」和「變易」就處於同一層次，「德」和「氣」也處於同一層次，即「簡易」和「變易」存於《易》之「德」和「氣」之中。但孔君釋緯書「有」與「無」之說，卻謂：「以變化言之，存乎其神；以生成言之，存乎其易；以真言之，存乎其性；以邪言之，存乎其情；以氣言之，存乎陰陽；以質言之，存乎爻象。」把「變化」存於「神」之中，把「真」存於「性」之中，把「邪」存於「情」之中；而「易」這個形容詞本該和「變化」以及「真」、「邪」同一層次，現在卻和「神」、「性」、「情」這三個名詞同一層次了。可見孔君並非闡釋《易》緯。但同時，他為了迎合緯書的「氣質論」，又說：「以氣言之，存乎陰陽；以質言之，存乎爻象。」「氣」本該和「神」、「性」、「情」齊等，現在卻和「變化」齊等了。故孔穎達所言，已非《乾鑿度》之意。

《易》作為一本演繹卦爻變化的占筮之書，取名為《易》，應只取「易」字變化之義。但因為「易」一字兩義，既解作變易，又解作容易，而〈繫辭〉又有「乾以易知，坤以簡能」等句，漢儒才從「變易」聯想到「易簡」，遂以戰國的〈繫辭〉之言附會到周初的書名上，未免厚誣了古經的作者。《周易》並非一本內容簡易而又易於理解的書。退一步說，如果易於理解的書便叫做《易》，那麼《孝

經》早就該稱為《易經》了。解作「不易」更是強詞奪理，這本占筮之書分明叫做《易》，為甚麼硬要說它有「不易」之義呢？那麼《孝經》云：「五刑之屬三千，而罪莫大於不孝。」它的書名是否也該有「不孝」之義？孝敬父母符合「天尊地卑」的原理，這就是不易之位，為甚麼「不易」卻只是《易》的專利？「《易》之三義」是古人從「易」字產生的不必要的聯想，對解釋《易》這本書的書名不但沒有幫助，而且造成難以克服的障礙。

五十以學《易》

《史記‧孔子世家》云：「孔子晚而喜《易》，序〈彖〉、〈繫〉、〈象〉、〈說卦〉、〈文言〉。讀《易》，韋編三絕。曰：『假我數年，若是，我於《易》則彬彬矣。』」《論語‧述而》云：「子曰：『加我數年，五十以學《易》，可以無大過矣。』」「加」、「假」通「叚」，《說文解字》：「叚，借也。」「假我數年」即「多給我數年」，如是則孔子當時年四十餘，並非晚年。「孔子晚而喜《易》」不見於《論語》，不過 1973 年出土的帛書《周易》所載佚書（或佚篇）〈要〉有云：「夫子老而好《易》，居則在席，行則在囊〔或以此為「橐」字〕。」（本書引述帛書佚篇之文均依據或參考《易》學專家廖名春教授之釋文而成）然後知太史公之言有所據。但太史公引「假我數年」而略去「五十以學《易》」，無疑把孔子說「假我數年」的時刻推遲了十多二十年。這剪裁並不符合《論語》原意。不過，我們可以肯定，司馬遷既知《論語》有「加我數年」而用之，即認為這四個字和孔

子學《易》有關。

但孔子五十以學《易》這一說法卻受到後世一些學者的懷疑。

唐陸德明《經典釋文》標出《論語・述而》的「學易」一詞，注云：「如字。魯讀『易』為『亦』，今從古。」陸德明釋《論語》之文，以魏何晏《論語集解》為主本。《釋文・注解傳述人》云：「〔張〕禹以《論》授成帝。後漢包咸、周氏並為章句，列于學官。鄭玄就魯《論》、張、包、周之篇章，考之齊〔即齊《論語》〕、古〔即壁中書古文《論語》〕，為之注焉。」此文即斟酌何晏等〈論語序〉而成。後漢末，鄭玄就魯《論語》、張禹、包咸、周氏的章句，考之齊《論語》和古文《論語》，並為之注。何晏《論語集解》即據此等注文，再益以己見而成。《集解》並沒有提及魯《論語》中「易」字作「亦」。不過，依陸德明《釋文》體例，凡「魯讀云云今從古」都是鄭玄注文，而「魯讀『易』為『亦』，今從古」意即魯《論語》「易」作「亦」，現從古《論語》作「易」而不從魯《論語》作「亦」。鄭玄以魯《論》持校各家異文，終而校定孔子希望「五十以學《易》」；而陸德明注明「如字」，即表示「易」讀如本字，可見他也不認為「易」可以作「亦」。

不過，清儒惠棟卻十分反對「五十以學《易》」的讀法和解法。他在《九經古義・論語古義》中說：「『五十以學《易》，可以無大過矣』，魯《論》『易』為『亦』。君子愛日以學，及時而成，五十以學，斯為晚矣。然秉燭之明，尚可寡過，此聖人之謙辭也。」可

見他認為「五十以學」才是孔子之言。

惠棟的看法頗獲清季的疑古學者所支持。近世史學家錢穆尤喜惠氏此說，在《先秦諸子繫年·孔子五十學易辨》和《國學概論·孔子與六經》中都認為「易」當作「亦」，並連下讀，作「亦可以無大過矣」，又據此在《繫年》中謂孔子實未嘗傳《易》，在《概論》中謂《易》與孔子無涉。錢先生在《論語新解》中，把「加我數年」章的原文改為「子曰：『加我數年，五十以學，亦可以無大過矣。』」並且以白話繙譯為：「先生說：『再假我幾年，讓我學到五十歲，庶可不致有大過失了。』」於是文義便由「五十而學」變為「學至五十」。這一強解刻意化解了「五十以學」與《論語·為政》的「吾十有五而志於學」之間的矛盾，但始終是強解。

清阮元重刻《十三經注疏》，甚有功於國故。他在《論語注疏校勘記》中校「加我數年章」云：「『加我數年』：《史記·孔子世家》『加』作『假』。案《風俗通義·窮通卷》亦引作『假』。『五十以學易』：《釋文》出『學易』云：『魯讀「易」為「亦」，今從古。』案魯《論》作『亦』，連下句讀。惠棟云：『外黃〔漢縣名〕令高彪〔後漢靈帝時人〕碑云：「恬虛守約，五十以斅。」此從魯《論》，「亦」字連下讀也。』『斅』音『效』，『約』音『要』。」此乃惠定宇以「易」作「亦」所提出的另一證據。姑且不論「斅」和「約」讀入聲還是去聲，抽出「五十以斅」作斷章取義的解讀似乎解決不了問題。後面說明一下。

南宋洪适《隸釋》卷十有〈外黃令高彪碑〉，現摘錄有關文字，並加標點，然後稍作解釋：

> 蔑勢利之權，庶幾乎仁義之道。□□孝廉。□□徵行，□病□就。□□□□，被朱衣□，步三署。恬虛守約，五十以斆。弘農楊公為光祿勳，乃□表君□□取□□□□觀，踔兮□□。所著斐然，邈兮難逮，超等出群。遷外黃令〔《隸釋》原文用「缺」、「缺二字」、「缺四字」等語以表闕文。現改用方格，求醒目而已〕。

碑文用《尚書‧説命》「惟斆學半」之「斆」。如果以「斆」為「教」則無義，當以「斆」作「學」為合理，故「五十以斆」當即「五十以學」。

《後漢書‧和帝紀》：「元興元年春正月戊午，引三署郎召見禁中，選除七十五人，補謁者、長、相。」唐李賢等注「引三署郎召見禁中」云：「《漢官儀》云：『三署，謂五官署也，左、右署也，各置中郎將以司之。郡國舉孝廉以補三署郎，年五十以上屬五官，其次分左、右署。凡有中郎、議郎、侍郎、郎中四等，無員〔即無定員〕。』禁中者，門戶有禁，非侍御者不得入，故謂禁中。」觀此，碑所言舉孝廉、步三署、遷外黃，正暗合和帝故事和《漢官儀》所述儀制。《後漢書‧文苑‧高彪傳》誤「外黃」為「內黃」，餘則與碑所言頗合。碑文亟稱高彪稟性恬淡虛靜，以儉約自守，又好仁義而輕勢利，年五十始為干祿之學。此數語似暗指高彪不屑奉承權貴，以致年過五十始舉孝廉。碑文強調「五十」，除謂高彪

五十歲才志於功名之學外，還暗指地方官不賞識骨鯁之士，遂令國多遺材。而碑末銘文則喻高彪之死為「朝失鯁臣」。所以「五十以斅」這四個字雖然取自《論語》，意義上卻和孔子的「加我數年」無關。《後漢書・文苑・高彪傳》云：「高彪字義方，吳郡無錫人也。家本單寒，至彪為諸生，遊太學。有雅才而訥於言。嘗從馬融欲訪大義，融疾不獲見，乃覆刺遺融書曰：『承服風問，從來有年，故不待介者而謁大君子之門，冀一見龍光，以敍腹心之願。不圖遭疾，幽閉莫啟。昔周公旦父文兄武，九命作伯，以尹華夏，猶揮沐吐餐，垂接白屋，故周道以隆，天下歸德。公今養痾傲士，故其宜也？』融省書慙，追謝還之，彪逝而不顧。後郡舉孝廉，試經第一，除郎中，校書東觀，數奏賦、頌、奇文，因事諷諫，靈帝異之。」《後漢書・馬融傳》謂融「年八十八，〔桓帝〕延熹九年〔166〕卒于家。」碑謂彪卒於甲子年〔靈帝光和七年（184）〕六月，即高彪後馬融十八年而卒。碑立於靈帝中平二年，合公元185 年。高彪卒於光和七年六月，是年十二月改元中平，故光和七年十二月即中平元年十二月，翌年乃中平二年。是以碑言高彪卒年當不誤。《後漢書》置移書事於除郎中前，則融卒時彪已年過四十，彪遺融書時則在曰壯之年，於理亦合。

如果依惠棟之說，把「易」讀成「亦」，並連下讀，使「加我」章成為：「子曰：『加我數年，五十以學，亦可以無大過矣。』」便產生很大問題。第一，孔子晚年說過：「吾十有五而志於學。」但在四十多歲時卻對弟子說：「我現在沒空讀書，待五十歲才學習。」這是何等厚顏的做法！第二，為甚麼五十歲學習便可以無

大過？如果五十歲才學習可以無大過，五十歲以前學習豈不更無大過？五十歲以前豈不迭犯大過？為人師而不能以身作則，怎能令門人信服？第三，「易」字如該作「亦」，副詞，解作今天的「也」，表示「同樣」，這「亦」字便無所承。為何「五十以學」之後，不簡單地說「可以無大過矣」，而要像有所比較地說「亦可以無大過矣」呢？第四，最可悲的是，這一章因此會變得沒有主旨，沒有脈絡，內容貧乏，只會把孔子塑造成一個不肯學習還要託辭推搪的懶漢。如果是這樣，「加我」章根本就不應該見於《論語》。

反過來說，「加我數年，五十以學《易》，可以無大過矣」因為語帶雙關，便充分顯示了孔子的「幽默」感。大過是《周易》卦名。魯國得周禮的精華，孔子少而好學，怎會不從小就知道《周易》的卦名和卦爻辭？「加我數年」者，正表示孔子等待人生閱歷更豐富時，可以深入研究這窮理盡性的《易》，更謙稱希望自此之後便不會犯「大過」。這是非常勵志和溫馨的一章。在《論語》中，孔子七十後回顧平生，說過「五十而知天命」，和五十前所說的「加我數年」正好互相呼應。

何晏《論語集解》注此章云：「《易》窮理盡性以至於命，年五十而知天命，以知命之年，讀至命之書，故可以無大過。」這是以果為因的說法。孔子五十歲前，大抵不會預知「五十而知天命」的。

《論語‧子路》云：「子曰：『南人有言曰：「人而無恆，不可以作巫醫。」善夫。』『不恆其德，或承之羞〔恆卦九三爻辭〕。』子

曰：『不占而已矣。』」這章記載孔子引用恆卦九三爻辭，可見孔子並非不言《易》。而「五十以學《易》」也不是《論語》唯一一次提及《周易》的話。

「亦」字如果無法在「加我」章發揮作用，那麼它就應該是同音或近似音通假字。上古尚未發明印刷，戰國以前每一「本」書和每一「篇」文章都是刀刻本，近世出土的戰國典籍則是竹簡墨寫本。富家貴人又用縑帛。當時，刀刻本和寫本都是孤本，都有它獨特的通假字和錯別字。如果用聽抄方式移錄，通假字更會因書者的鄉音而不同。《經典釋文・條例》引鄭玄云：「其始書之也，倉卒無其字，或以音類比方，假借為之，趣〔同「趨」〕於近之而已。受之者非一邦之人，人用其鄉，同言異字，同字異言，於茲遂生矣。」1973 年至 1974 年初，馬王堆漢墓中的帛書《周易》、《老子》等陪葬物出土，書中同音和近似音通假字以及形近訛字之多，簡直令人咋舌。所以魯《論語》在漢代有些寫本以「亦」作為「易」的通假字，不足為奇，而且我們可以想見這絕對不會是同一寫本中唯一的通假字。

經音韻學家研究，「亦」的上古（《詩經》時代）音屬余母，在鐸部；「易」的上古音屬余母，在錫部。「亦」和「易」在《廣韻》中是同音字，都讀「羊益切」。所以在漢代，尤其後漢，「亦」和「易」在中國不同地方極可能已經是同音字。漢人傳抄魯《論語》，以「亦」代「易」是可以理解的，恐怕漢人傳抄齊《論語》也可能會以「亦」代「易」，因為那些「手民」未必都明白原著的內容。

　　　　　　※　　　　　　　※　　　　　　　　　　※

　　當我們為「易」和「亦」的異文感到煩惱時，漢學家卻有別的
煩惱。James Legge 在 *The Yî King* 一書的 'Introduction' 中開宗明
義地説：

　　Confucius is reported to have said on one occasion, 'If some years
were added to my life, I would give fifty to the study of the *Yî* , and might
then escape falling into great errors.' The utterance is referred by the best
critics to the closing period of Confucius' life 〔 案：此是譯者被「孔
子晚而喜《易》」一語誤導所致 〕, when he had returned from his long
and painful wanderings among the States, and was settled again in his
native Lû . By this time he was nearly seventy, and it seems strange, if he
spoke seriously, that he should have thought it possible for his life to be
prolonged other fifty years 〔 案：此是譯者誤解 〕.

　　James Legge 的中文造詣當然較一般華人為高，至少他繙譯了
整本《周易》，而一般華人恐怕連一頁《周易》也未翻看過。可是，
漢學家讀古文，有時遇到淺易的詞語反而容易產生誤解。「五十」
一詞太淺易了，中國老師不教，外國學生不問，所以才會有「用
五十年的時間學《易》」的誤解。

　　唐孔穎達《春秋左傳正義》以《易象》為《易》之別稱。孔君〈昭公二年〉疏云：「《易》有六十四卦，分為上下二篇。及孔子又作《易傳》十篇，以翼成之。後世謂孔子所作為『傳』，謂本文為『經』，故云上下經也。《易》文推演爻卦，象物而為之辭，故《易‧繫辭》云：『八卦成列，象在其中。』又云：『《易》者象也。』是故謂之《易象》〔孔君博學，故能強解〕。孔子述卦下揔辭，謂之為『彖』，述爻下別辭，謂之為『象』，以其無所分別，故別立二名以辨之〔即名卦下經文為「彖」，名爻下經文為「象」〕。其實卦下之語亦是象物為辭，故二者俱為象也〔即經文「彖」與「象」都可謂之為「象」〕。」蓋自漢以還，正統儒士都以《易》傳之「彖」、「象」等「十翼」為孔子所作，故必不認為春秋時已有〈彖〉、〈象〉等翼經之文，是以孔君乃謂《易象》即文王之《易》，是經文，以明孔子之前無釋《易》象之文。然據《左傳》體例，凡舉《易》之書，則當謂之為《易》或《周易》，不宜別立《易象》一名。云「易象」者，必首重釋《易》之象，則此《易象》或後世〈象傳〉之濫觴也。

第二章：《周易》聖人之道新詮

聖人之道四

　　先秦儒家深信《易》是一本通神的書，這種能力在卜筮的過程和結果之中充分展現出來。《易》通過卦爻辭，對現在和未來境況加以描述和作出判斷，使人能預知事態的發展。卦爻是圖，而不是文字。對《易》的作者來說，圖自然會有所象徵；對卜筮者和讀者來說，看圖自然要知道圖所象徵的事物。圖的取象能誘發讀者的聯想，開闊讀者的眼界，給予讀者發明新事物的靈感。卦爻的力量，往往通過卦爻辭而發揮出來，所以較詳細地判斷《易》卦吉凶的彖辭和解釋卦爻取象的象辭，也就緊隨著卦爻辭而醞釀。解釋爻辭的「小象」，經過修飾，大都已成為韻文，便於記誦。卦爻辭和及後的〈彖傳〉、〈象傳〉，都以文字形式，幫助讀者和卜筮者認識卦爻變化所造成的吉凶悔吝的朕兆。

　　聖人與天地合其德，故能預知，又能和天意相配合，在覆育教化中，做到「先天而天弗違，後天而奉天時」（《易・乾文言》）。《易》能預知，又能使人預知，所以孔子便認為《易》具有「聖人之道」。這聖人之道，又可分為四種形態：（一）描述卦爻的文辭，（二）卦爻的變化，（三）卦爻的取象，以及（四）卦爻所顯示的徵

兆。《周易・繫辭上》云：

> 子曰：「知變化之道者，其知神之所為乎？《易》有聖
> 人之道四焉：以言者尚其辭，以動者尚其變，以制器者
> 尚其象，以卜筮者尚其占。」

唐李鼎祚《周易集解》雜引諸家以為注，其注「《易》有聖人之
道」句引唐崔憬：「聖人德合天地，智周萬物，故能用此《易》道。
大略有四，謂尚辭、尚變、尚象、尚占也。」注「以言」句引三國
吳虞翻：「聖人之情見於辭，繫辭焉以盡言也。」注「以動」句引
三國吳陸績：「變謂爻之變化，當議之而後動矣。」注「以制器」
句引後漢末荀爽：「結繩為网罟，蓋取諸离，此類是也。」注「以
卜筮」句引虞翻：「乾蓍稱筮，動离為龜，龜稱卜〔此處以〈說卦〉
之「離為龜」釋〈繫辭〉句「卜」字之來歷，附會過甚，殊不應爾〕。動
則翫其占，故尚其占者也。」

李鼎祚雖然雜引諸家，但脈絡一貫。虞翻注「以言」句相當清
楚，指的是卦爻辭是聖人之言，見聖人之情（〈繫辭下〉：「聖人之
情見乎辭。」）。是以「以言」者並非「繫辭焉以盡言」（〈繫辭上〉：
「繫辭焉以盡其言。」）的聖人，而是卜筮者。〈繫辭上〉緊隨「以
卜筮者尚其占」後便說：「是以君子將有為也，將有行也，問焉而
以言，其受命也如響。」那「君子」就是卜筮者。陸績注「以動」
句，謂「當議之而後動」，說的是卜筮者應先參詳卦爻變化然後才
有所行動。總的來說，用聖人之道的是卜筮的君子。這點，唐孔

穎達的《周易正義》便似乎有點混淆了。

孔穎達《正義》云：「『《易》有聖人之道四焉』者，言《易》之為書，有聖人所用之道者，凡有四事焉。『以言者尚其辭』者，謂聖人發言而施政教者，貴尚其爻卦之辭。發其言辭，出言而施政教也〔案：《易》之作者是聖人，卦爻辭是聖人之言。此句謂君子欲藉《易》而施言教則重其卦爻之辭〕。『以動者尚其變』者，謂聖人有所興動營為，故法其陰陽變化。變有吉凶，聖人之動取吉不取凶也〔案：當指君子欲藉《易》而有所興動營為，則專視其卦爻變化以知進退〕。『以制器者尚其象』者，謂造制形器，法其爻卦之象，若造弧矢法睽之象，若造杵臼法小過之象也〔案：君子欲藉《易》而製造器具以利民，則專視其卦爻之象。象亦聖人所設〕。『以卜筮者尚其占』者，策是筮之所用，并言卜者，卜雖龜之見兆，亦有陰陽三行變動之狀。故卜之與筮，尚其爻卦變動之占也〔案：君子欲以《易》卜筮，則專視其吉凶之兆，此乃聖人所示。「卜」、「筮」同用，「卜」乃無龜卜之義，其義在「筮」。「卜筮」不過承上句「制器」而作雙音節詞耳〕。」孔穎達釋「尚其辭」和「尚其變」時，以「聖人」代「君子」，正是其混淆所在。

《周易》是卜筮之書，所以得免於秦火。〈繫辭上〉談及的「尚辭」、「尚變」和「尚占」都和問吉凶有關，只有「尚象」關乎器用的發明。〈繫辭下〉云：「古者包犧氏之王天下也，仰則觀象於天，俯則觀法於地，觀鳥獸之文與地之宜。近取諸身，遠取諸物，於是始作八卦，以通神明之德，以類萬物之情。作結繩而為罔罟，

以佃以漁，蓋取諸離。包犧氏沒，神農氏作，斲木為耜，揉木為耒。耒耨之利，以教天下，蓋取諸益。日中為市，致天下之民，聚天下之貨，交易而退，各得其所，蓋取諸噬嗑。」又云：「黃帝、堯、舜垂衣裳而天下治，蓋取諸乾坤。刳木為舟，剡木為楫，舟楫之利，以濟不通，致遠以利天下，蓋取諸渙。服牛乘馬，引重致遠以利天下，蓋取諸隨。重門擊柝，以待暴客，蓋取諸豫。斷木為杵，掘地為臼，臼杵之利，萬民以濟，蓋取諸小過。弦木為弧，剡木為矢，弧矢之利，以威天下，蓋取諸睽。上古穴居而野處，後世聖人易之以宮室，上棟下宇，以待風雨，蓋取諸大壯。古之葬者，厚衣之以薪，葬之中野，不封不樹，喪期无數，後世聖人易之以棺椁，蓋取諸大過。上古結繩而治，後世聖人易之以書契，百官以治，萬民以察，蓋取諸夬。」以上是聖人觀卦象而制器的例子。但我們不難發現，「垂衣裳」並非發明和製造器具，而是一種行動，是法天地自然的「無為」。「日中為市」是「有為」，卻也不是制器。晉韓康伯釋聖人之道四，但云：「此四者存乎器象，可得而用也。」孔穎達大抵也察覺到這個問題，所以其〈正義〉在注「聖人之道」後又特注「器象」云：

> 辭是爻辭，爻辭是器象也。變是變化，見其來去，亦是器象也。象是形象，占是占其形狀，竝是有體之物。有體則是物之可用，故云可得而用者也。

把「辭」、「變」、「象」、「占」全看成有體之物，那麼「行動」自然是「器」了。

韓康伯注則似本於鄭玄。《周禮‧春官‧大卜》:「一曰征,二曰象。」鄭玄注「二曰象」云:「象謂有所造立也。《易》曰:『以制器者尚其象。』」唐賈公彥疏云:「云《易》曰『以制器者尚其象』者,〈上繫辭〉文。〔鄭玄〕注云:『此者存於器象,可得而用,一切器物及造立皆是。』」《說文》:「造,就也。」造立即成立、建立。換言之,器物是器象,造立也是器象。造立屬於「行動」。但鄭玄指的是一切器物和造立,非只說《易》,終不及孔穎達解釋得清楚。

〈繫辭上〉云:「是故形而上者謂之道,形而下者謂之器。」道有氣機,器有形質。這是器的廣義。用此廣義,爻辭是器,變化、象、占都是器。但「制器」指製成器物,是狹義的器。《論語‧為政》:「子曰:『君子不器。』」《論語‧公冶長》:「子貢問曰:『賜也何如?』子曰:『女,器也。』曰:『何器也?』曰:『瑚璉也。』」指的都是狹義的器。以「器」和「象」合稱,正欲把「象」也視作「器」,那麼「言」、「動」、「制器」、「卜筮」、「辭」、「變」、「象」和「占」就全都是「器象」了。用這種方法解釋「聖人之道四」,使之全歸於「器象」,為非「制器」的「行動」作解說,似乎有失〈繫辭〉本義。

其實我們不必視「蓋取諸」為「制器尚象」的注釋。伏羲等聖人從卦象中獲取靈感,因而有所發明。他們的靈感當然不限於「制器」,更當涉及制宜和制定政策等行動。「制器」只是行動的一端。「聖人之道」存於「辭」、「變」、「象」和「占」;君子行「言」、「動」、「制器」和「卜筮」這四事,目的是利民,「制器」不過舉其一端,

即如「以動者」也不只觀「變」而不觀「象」，所以「尚其變」已暗藏「尚其象」，而「制器」也是「動」，是以不應該不暗中包括如制定政策等行動。這樣，「器」的意義就不用無限放大。

在《周易》中，「象」貫通了「辭」、「變」和「占」。〈繫辭上〉云：「聖人設卦觀象，繫辭焉而明吉凶，剛柔相推而生變化。是故吉凶者，得失之象也；悔吝者，憂虞之象也；變化者，進退之象也；剛柔者，晝夜之象也。六爻之動，三極之道也〔孔穎達〈正義〉：「言六爻遞相推動而生變化，是天地人三才至極之道。以其事兼三才，故能見吉凶而成變化也。」〕。是故君子所居而安者，《易》之序也；所樂而玩者，爻之辭也。是故君子居則觀其象而玩其辭，動則觀其變而玩其占；是以自天祐之，吉无不利。」可見卦爻的取象才是《易》占的重點。讀卦爻辭可以見其象，望卦爻也可以見其象。觀象能啟發思維，因而能有所發明，「制器」不過舉其一端而已。

〈繫辭上〉云：「《易》與天地準，故能彌綸天地之道。」天地無時不在變化之中，是以《易》明變化之理，能指示我們如何應付和利用變化。世人通過卜筮，從卦爻辭中知道其處於何種變化之中，從而知所行動。平時，《周易》是讀本；卜筮時，《周易》是靈媒。所以學習《周易》而不學筮法，便不能完全領略這本書的奧秘。

從龜卜到策筮，占問之法經過了不少變化。自從《繫辭上》的「大衍之數五十」面世後，揲蓍的方法便趨於統一。南宋朱熹《周

易本義》收錄了〈筮儀〉，闡釋揲蓍筮法十分清楚。1982 年初版的拙著《人鬼神》有詳細解說，並附圖片，可參看。該書自初版至今三十年，已重印十餘次，在坊間不難找到。

學《易》要明筮法，才能掌握「聖人之道」的第四項。但是會卜筮並不一定要常常卜筮。《左傳‧桓公十一年》：「卜以決疑，不疑何卜？」不疑則不卜筮，不卜筮時，《周易》只是讀本。「君子居則觀其象而玩其辭」，而象也往往在辭中，所以「玩其辭」其實是學《易》的基本功，賞玩《周易》之辭即讀《周易》。《周易》在言「變易」的道理時，提供了寶貴的人生哲理給我們領略、思考和應用；《周易》的文辭也非常值得我們學習。〈繫辭上〉的「以言者尚其辭」指的是卦爻辭，但我們今天讀《易》而「尚其辭」，卻不能不包括「十翼」：上下〈彖〉、上下〈象〉、上下〈繫辭〉、〈乾坤文言〉、〈說卦〉、〈序卦〉和〈雜卦〉。其中〈文言〉和〈繫辭〉文詞之美，尤其令人賞味不已。加以《周易》年代久遠，很多詞句，到今天已經成為箴言和成語；而歷代文人都讀《周易》，對他們來說，不學《易》便無以言，他們在詩文作品中更常引用《周易》的詞句，我們如果不讀《周易》便看不明白。在中國文化傳承中，《周易》是必讀的書。

卦爻辭與十翼

現在略論卦爻辭與「十翼」。

唐孔穎達《周易正義》卷一〈論卦辭爻辭誰作〉一文云：

其《周易》繫辭〔繫於卦爻後之辭〕，凡有二説。一説所以卦辭爻辭並是文王所作。知者案〈繫辭〉云：「《易》之興也，其於中古乎？作《易》者其有憂患乎？」又曰：「《易》之興也，其當殷之末世，周之盛德邪？當文王與紂之事邪？」又《乾鑿度》云：「垂皇策者犧，卦道演德者文，成命者孔。」《通卦驗》又云：「蒼牙通靈昌之成，孔演命明道經。」準此諸文，伏犧制卦，文王繫辭，孔子作十翼，《易》歷三聖，只謂此也。故史遷〔太史令司馬遷〕云：「文王囚而演《易》。」即是「作《易》者其有憂患乎」，鄭學之徒〔即受鄭玄之學者〕並依此説也。二以為驗爻辭多是文王後事。案升卦六四：「王用亨于岐山。」武王克殷之後，始追號文王為王，若爻辭是文王所制，不應云「王用亨於岐山」。又明夷六五：「箕子之明夷。」武王觀兵之後，箕子始被囚奴，文王不宜豫言箕子之明夷。又既濟九五：「東鄰殺牛，不如西鄰之禴祭。」説者皆云西鄰謂文王，東鄰謂紂。文王之時，紂尚南面，豈容自言己德受福勝殷，又欲抗君之國，遂言東西相鄰而已？又《左傳》：「韓宣子適魯，見《易象》，云：『吾乃知周公之德。』」周公被流言之謗，亦得為憂患也。驗此諸説，以為卦辭文王，爻辭周公，馬融、陸績等並同此説，今依而用之。所以只言三聖，不數周公者，以父統子業故也。案《禮稽命徵》〔《禮》緯〕曰：「文王見禮壞樂崩，道孤無主，故設禮經三百，威儀三千。」其三百、三千，即周公所制《周官》、《儀禮》，明文王本有此意，周公述而成之，故繫之文王。

然則《易》之爻辭，蓋亦是文王本意，故《易》緯但言文王也。

孔穎達不想質疑「人更三聖，世歷三古」的傳統說法，所以把周公作爻辭的功勞都歸於周文王。這種做法並沒有甚麼問題。不過推論歸推論，實際情況是否如此尚可商榷。例如，文王既然作卦辭，為甚麼不順便作爻辭？周公可能只是加以增刪和完善而已。而文王史事可能正是在這過程中放進爻辭。卦爻辭在魯國也可能經過幾次潤色和增刪，才傳到孔子手中。但無論如何，把始創之功歸於周初，是最有說服力的。

至於「十翼」的作者，孔穎達也並不否定傳統說法。[注一]《周易正義》卷一〈論夫子十翼〉有云：

> 其彖、象等「十翼」之辭，以為孔子所作，先儒更无異論。但數「十翼」亦有多家。既文王《易》經本分為上下二篇，則區域各別，彖、象釋卦亦當隨經而分，故一家數「十翼」云：「上彖一、下彖二、上象三、下象四、上繫五、下繫六、文言七、說卦八、序卦九、雜卦十。鄭學之徒並同此說，故今亦依之。

孔穎達用以處理十翼作者的標準和用以處理卦爻辭作者的標準頗為不同。孔君以爻辭有文王史事，所以疑爻辭非文王所作；但他對十翼為孔子所作這說法卻堅信不移，而絕不解釋〈文言〉和〈繫辭〉如果是孔子所作，為何內文用了那麼多「子曰」。

〈文言〉和〈繫辭〉既多「子曰」，作者就當是孔門弟子而非孔子。〈乾文言〉有「何謂也？子曰」凡六次，如「上九曰：『亢龍有悔。』何謂也？子曰：『貴而无位，高而无民，賢人在下位而无輔，是以動而有悔也。』」如果〈乾文言〉是孔子所作，大抵不會間之以「子曰」。如果把「子曰」移除，則賣「何謂也」這個關子便多此一舉了。〈繫辭〉用了二十四次「子曰」，分別是〈上傳〉十四次，〈下傳〉十次。跟〈乾文言〉不同，〈繫辭〉的「子曰」其實可以刪去而不害文意和語氣。「子曰」之所以存乎其中，或許正表示作者對孔子的尊崇，不敢僭竊先師之言。如果〈繫辭〉由孔子親撰，行文恐不會屢用「子曰」。即如〈繫辭上〉引孔子言「聖人之道四」，終又云：「子曰『《易》有聖人之道四焉』者，此之謂也。」孔子恐怕不會這樣行文吧？

和《莊子》寓言不同，〈繫辭〉是嚴謹之作，所引孔子之言應當比較可信。〈繫辭〉並且和〈乾文言〉相呼應。〈繫辭上〉云：「『亢龍有悔。』子曰：『貴而无位，高而无民，賢人在下位而无輔，是以動而有悔也。』」這正是〈乾文言〉引孔子的話。這樣推算，〈文言〉和〈繫辭〉雖不是孔子親作，卻是因孔子授《易》而後作。「子曰」後大概是直引孔子之言。所謂「大概」，乃因《周易》囿於文體，恐怕不會像《論語》般貼近口語，《論語》用散文寫成，十翼則多韻文，即「子曰」後也有韻文。如〈乾文言〉引孔子云：「雲從龍，風從虎。聖人作而萬物覩。本乎天者親上，本乎地者親下。」「虎」、「覩」和「下」上古音同韻部，這幾句話如果不是孔子親刻

在竹簡之上，便是作者把孔子之言「韻文化」。

象、象組成「十翼」的首四翼。《左傳・昭公二年》言及《易象》，這可能是「十翼」的〈象〉或其濫觴。是以〈象〉作為翼經之文，可能較〈繫辭〉、〈文言〉更早寫成，而作者當是魯國的賢者。「象」、「象」牽涉的問題比較複雜，因為他們除了是「十翼」中的象辭和象辭外，還被視為經文卦辭和爻辭的原名。《易象》更或被視為《易》的別名。現在先說「象」。

上言《左傳・昭公二年》記晉韓起使魯，「觀書於大史氏，見《易象》與《魯春秋》，曰：『周禮盡在魯矣。吾乃今知周公之德與周之所以王也。』」西晉杜預注云：「《易象》，上下經之象辭，《魯春秋》，史記之策書。《春秋》遵周公之典以序事，故曰『周禮盡在魯矣』。」杜預又云：「《易象》、《春秋》，文王、周公之制〔即遵文王、周公之制〕。當此時，儒道廢，諸國多闕，唯魯備，故宣子適魯而說〔同「悅」〕之。」杜預所謂「上下經之象辭」有兩個可能的解釋。其一，這「象辭」屬上下經的經文。經文非卦辭則爻辭，所以「象辭」不指卦辭便指爻辭。其二，這「象辭」闡述上下經卦爻辭。如果是後者，就等於說〈象〉之成篇早於孔子。所以孔穎達《春秋左傳正義》就不得不對此作出澄清。〈正義〉云：「大史之官，職掌書籍，必有藏書之處，若今之秘閣也。觀書於大史氏者，氏猶家也，就其所司之處觀其書也。見《易象》，《易象》魯無增改，故不言『魯易象』。其《春秋》用周公之法，書魯國之事，故言《魯春秋》也。魯國寶文王之書，遵周公之典，故云『周禮盡在魯

矣』。文王、周公能制此典，因見此書而追歎周德，吾乃於今日始知周公之德，以周公制《春秋》之法故也。與周之所以得王天下之由，由文王以聖德能作《易象》故也。此二書，晉國亦應有之，韓子舊應經見，而至魯始歎之，乃云『今知』者，因味其義而善其人，非為素不見也。」孔穎達以《易象》為《周易》的別稱，因而認為晉國不會沒有《周易》，所以韓起當並非因聘於魯才第一次見到《周易》。這解釋雖然配合了孔子作十翼的說法，但未免過於牽強。一則若《易象》果是《周易》，依《左傳》體例，必直稱之為《易》或《周易》。二則《春秋》記魯國事，當然稱《魯春秋》，然《易》既由文王始作，何來有魯？是以言《易》象之文，又何必稱魯？

〈正義〉又云：「《易》有六十四卦，分為上下二篇。及孔子，又作《易》傳十篇以翼成之。後世謂孔子所作為『傳』，謂本文為『經』，故云上下經也。《易》文推演爻卦，象物而為之辭，故《易‧繫辭》云：『八卦成列，象在其中。』又云：『《易》者，象也。』是故謂之《易象》。孔子述卦下揔辭，謂之為『彖』，述爻下別辭，謂之為『象』，以其無所分別，故別立二名以辨之。其實卦下之語亦是象物為辭，故二者俱為象也。」這裏孔君進一步推斷《易象》即《易》，理由是《周易》經文「象物而為之辭」，因此整部《易》都關乎象。而彖、象「二者俱為象」。〈正義〉又云：「《易象》文王所作，《春秋》周公垂法，故杜〔杜預〕雙舉釋之，云：『《易象》、《春秋》，文王、周公之所制〔杜注作「文王周公之制」，其義不同〕也。』《易‧繫辭》云：『《易》之興也，其當殷之末世、周之盛德邪？當文王與紂之事邪？』鄭玄云：『據此言，以《易》是文王所作，斷

可知矣。』且史傳、讖緯，皆言文王演《易》，演，謂為其辭以演說之。《易》經必是文王作也。但《易》之爻辭有『箕子之明夷，利貞』，箕子明傷，乃在武王之世，文王不得言之。又云『王用亨于岐山』，又云『東鄰殺牛，不如西鄰之禴祭，實受其福』，二者之意，皆斥文王。若是文王作經，無容自伐其德，故先代大儒鄭眾、賈逵等，或以為卦下之彖辭文王所作，爻下之象辭周公所作，雖復紛競大久，無能決當是非。杜今雙舉並釋，以同鄭說也。」這一段文字除了再說明文王作《易象》之外，更向讀者介紹兩個稱謂：卦辭本稱彖辭，爻辭本稱象辭。

孔君以象辭指經文爻辭，並非無據。孔君《周易正義》以王弼及韓康伯注本為底本，故對王弼《易》說必瞭如指掌。王弼《周易略例・略例下》云：「凡彖者，統論一卦之體者也；象者，各辯〔即「辨」〕一爻之義者也。故履卦六三為兌之主，以應於乾；成卦之體，在斯一爻。故彖敘其應，雖危而亨也。象則各言六爻之義，明其吉凶之行，去六三成卦之體，而指說一爻之德，故危不獲亨而見咥也。」唐人邢璹注「凡彖者」至「一爻之義者也」云：「彖統論卦體，象各明一爻之義。」注「故履卦六三」至「雖危而亨也」云：「彖云『柔履剛，說而應乎乾，是以履虎尾不咥人亨』也。」注其餘云：「六三：『履虎尾，咥人，凶。』象言不咥，象言見咥，明爻象其義各異也。」王弼謂象言爻義、明吉凶，以及指說一爻之德，這當是爻辭的功能。邢璹則云：「象言不咥，象言見咥，明爻象其義各異也。」亦以「象」為言爻義之辭。言爻義

之辭即爻辭，可見古人以「象」指爻辭，由來已久，王弼亦當有其師承，故孔君稱爻辭為「象辭」，並非出於一己之杜撰。

接下來說「彖」。

〈繫辭〉言「彖」凡四次，都以聖賢之作視之。但文中爻彖並舉，並不像在說「十翼」的彖辭。

乾彖云：「大哉乾元，萬物資始，乃統天。雲行雨施，品物流形。大明終始，六位時成。時乘六龍以御天。乾道變化，各正性命。」孔穎達在乾彖「各正性命」後釋「彖」義云：「夫子所作彖辭，統論一卦之義。或說其卦之德，或說其卦之義，或說其卦之名。故《略例》〔王弼《周易略例》之〈明彖〉〕云：『彖者何也？統論一卦之體，明其所由之主。』案褚氏〔梁褚仲都〕莊氏〔不知何許人，或與褚氏同時稍後〕並云：『彖，斷也。斷定一卦之義，所以名為彖也。』」孔君於「象曰：天行健，君子以自強不息」下注云：「此大象也，十翼之中第三翼。總象一卦，故謂之大象。但萬物之體自然，各有形象，聖人設卦以寫萬物之象，今夫子釋此卦之所象，故言『象曰』。」孔君於象辭「反復道也」下注云：「自此以下，至『盈不可久』，是夫子釋六爻之象辭，謂之小象。」又於〈乾文言〉「故曰乾元亨利貞」後注云：「文言者，是夫子第七翼也。以乾坤其《易》之門戶邪？其餘諸卦及爻，皆從乾坤而出，義理深奧，故特作文言以開釋之。莊氏云：『文謂文飾，以乾坤德大，故特文飾以為文言。』今謂夫子但贊明《易》道，申說義理，非是文飾華彩，

當謂釋二卦之經文,故稱『文言』。」又於〈繫辭上〉題下注云:「謂之『繫辭』者,凡有二義。論字取繫屬〔續也〕之義,聖人繫屬此辭於爻卦之下,故此篇第六章云:『繫辭焉以斷其吉凶。』第十二章云:『繫辭焉以盡其言。』是繫屬其辭於爻卦之下,則上下二篇經辭是也。文取繫屬之義,故字體從『毄』;又音為『係』者,取綱係之義。卦之與爻,各有其辭以釋其義,則卦之與爻,各有綱係,所以音謂之係也。夫子本作十翼,申説上下二篇經文,繫辭條貫義理,別自為卷,總曰『繫辭』。」在上述注釋中,孔穎達清楚闡述彖、象、文言和繫辭是孔子所作。在〈説卦〉、〈序卦〉和〈雜卦〉題下注中,孔穎達也都説明該三篇論説文是孔子所作。^(注二)

〈繫辭〉多次美稱「象」和「彖」;提及「象」的次數遠多於「彖」。「象」解作「日月星辰之屬」(「在天成象,在地成形。」)、「物之似」(「聖人設卦觀象,繫辭焉而明吉凶。」)、「卦之象」(「象其物宜,是故謂之象。」)、「象徵」(「分而為二以象兩。」)、「形象」(「極其數,遂定天下之象。」)、「物之狀」(「見乃謂之象,形乃謂之器。」),與象辭無涉。「彖」是「斷」的假借字,只能解作「判斷之辭」、「彖辭」。如果指的是「十翼」的「彖」,那就是説孔子在親撰的〈繫辭〉中多次美稱親撰的彖辭。這就難以置信。否則〈繫辭〉和〈彖傳〉就出於不同時代和不同作者。孔穎達承前人説,把〈繫辭〉提及的「彖」解釋為「卦辭」。

〈繫辭〉提及「彖」凡四次。第四次在〈繫辭下〉:「八卦以象告,爻彖以情言。」晉韓康伯〈注〉和孔穎達〈正義〉都沒有為

「彖」字作注。第一次在〈繫辭上〉:「彖者,言乎象者也。」韓康伯〈注〉:「彖,總一卦之義也。」孔穎達〈正義〉:「彖謂卦下之辭,言說乎一卦之象也。」第二次在〈繫辭下〉:「彖者材也。」韓〈注〉:「材,才德也,彖言成卦之材,以統卦義也。」〈正義〉:「『彖者材也』者,謂卦下彖辭者,論此卦之材德也。」孔穎達解釋「彖」為「卦下之辭」和「卦下彖辭」,已可見他把「卦辭」和「彖辭」混同,因為上引孔君之〈繫辭上〉題下注已明言:「是繫屬其辭於爻卦之下,則上下二篇經辭是也。」繫於爻卦之下之辭是「經辭」,即爻辭卦辭。如果卦辭是卦下之辭,那麼卦下彖辭當然也指卦辭了。第三次在〈繫辭下〉:「若夫雜物撰德,辯是與非,則非其中爻不備。噫,亦要存亡吉凶,則居可知矣。知者觀其彖辭,則思過半矣。」韓康伯〈注〉:「夫彖者,舉立象之統,論中爻之義。約以存博,簡以兼眾,雜物撰德而一以貫之。形之所宗者道,眾之所歸者一。其事彌繁則愈滯乎形,其理彌約則轉近乎道。彖之為義,存乎一也。一之為用,同乎道矣。形而上者可以觀道,過半之益,不亦宜乎。」孔穎達〈正義〉釋之尤詳。其釋末數句云:「『噫,亦要存亡吉凶,則居可知矣』者,噫者發聲之辭。卦爻雖眾,意義必在其中爻。噫乎發歎。要,定。或此卦存之與亡,吉之與凶,但觀其中爻,則居然可知矣。謂平居自知,不須營為也。『知者觀其彖辭,則思過半矣』者,彖辭謂文王卦下之辭。言聰明知達之士,觀此卦下彖辭,則能思慮,有益以過半矣。」孔穎達注釋第三次出現的「彖」時,就正式把「彖」和「卦辭」等同起來。

〈正義〉又釋韓康伯〈注〉，其中有關「彖」之義，有以下説法：

「夫彖者舉立象之統」者，謂文王卦下彖辭，舉明立此卦象之綱統也。云「論中爻之義」者，言彖辭論量此卦中爻義意也。「舉立象之統」者，若屯卦彖云「利貞」〔屯卦卦辭：「元亨，利貞。勿用有攸往。利建侯。」〕，夫子釋云「動於險中，大亨貞」者〔屯卦彖辭：「屯，剛柔始交而難生，動乎險中，大亨貞。雷雨之動滿盈，天造草昧，宜建侯而不寧。」〕，是舉立象之統也。「論中爻之義」者，若蒙卦云「蒙亨，初筮告」，〔王弼〕注云「能為初筮，其唯二乎」，是彖云初筮，其在九二，是論中爻之義也。

在「上經」中，王弼注蒙卦卦辭之「初筮告」云：「能為初筮，其唯二〔即第二爻：九二〕乎？以剛處中，能斷夫疑者也。」孔穎達〈正義〉釋王弼〈注〉，有云：「『能為初筮，其唯二乎』者，以彖云「初筮告，以剛中」者，剛而得中，故知是二也。」王弼注蒙彖「初筮告，以剛中也」，云：「謂二也。二為眾陰之主也。无剛失中，何由得初筮之告乎？」孔穎達釋蒙彖「再三瀆，瀆則不告，瀆蒙也。蒙以養正，聖功也」，云：「『再三瀆，瀆則不告，瀆蒙』者，所以再三不告，恐瀆亂蒙者。自此以上，彖辭惣釋『蒙亨』之義。『蒙以養正，聖功也』者，能以蒙昧隱然自養正道，乃成至聖之功。此一句釋經之『利貞』〔蒙卦卦辭：「蒙亨。匪我求童蒙，童蒙求我。初筮告，再三瀆，瀆則不告。利貞。」〕。」

〈正義〉釋韓康伯注「夫彖者」正就是關鍵所在。首先，一如

前兩注，〈正義〉指出「彖辭謂文王卦下之辭」以及「謂文王卦下彖辭」。文王卦下之辭即卦辭，而「文王卦下彖辭」既也是文王所作，自然也指卦辭了。〈正義〉繼而謂「屯卦彖云『利貞』」，但「利貞」實見於屯卦卦辭，並不見於屯卦彖辭。〈正義〉繼而謂孔子釋「利貞」而云「動於險中，大亨貞」，案「動乎險中，大亨貞」見於屯卦彖辭，但孔穎達只說「夫子釋云」而不是「彖云」。這注釋方法是要讀者知道，「彖」有兩種：古彖即經文卦辭，今彖即《易》傳彖辭。而〈繫辭〉所說的彖，便是文王所作的古彖。

離開了〈繫辭〉，情況就很不同。孔穎達釋蒙卦彖辭，則清楚指出：「自此以上，彖辭總釋『蒙亨』之義。」「蒙亨」在卦辭中，這裏「彖辭」和「卦辭」的分別就非常清楚。孔君又指出，「蒙以養正，聖功也」句「釋經之『利貞』」。「利貞」在卦辭中。這裏直言「經」，乃因卦辭是「經」的一部分。

拿通行本〈繫辭〉有「彖」字的句子和帛書〈繫辭〉的有關句子比較，並沒有太大幫助，卻有些頗有趣的發現。帛書〈繫辭〉中，「彖」作「緣」，「象」作「馬」，「爻」作「肴」或「教」。以下是兩個本子的比較：

(01) 通行本：「彖者，言乎象者也；爻者，言乎變者也。」

帛書本：「緣者，言如馬者也；肴者，言乎變者也。」（第四行下至第五行上）

(02) 通行本：「是故《易》也者，象也；象也者，像也。彖者材也；爻也者，效天下之動者也。」

帛書本：「是故易也者，馬〔無「也」字〕，馬也者，馬也。緣也〔據此，知通行本「彖」字後可能奪「也」字〕者，制〔通行本〈繫辭〉之「化而裁之存乎變」，帛書本〈繫辭〉作「化而制之存乎變」。則材、裁、制當有共通之處〕也；肴也者，效天下之動者也。」（第三十七行下至第三十八行上）

(03) 通行本：「若夫雜物撰德，辯是與非，則非其中爻不備。噫，亦要存亡吉凶，則居可知矣。知者觀其彖辭，則思過半矣。」

帛書本：「〔「若夫雜物撰德，辯」殘缺〕是與非，則下〔原文如是〕中教不備。初大〔原文如是〕要存亡吉凶，則將可知矣〔其下接以「鍵德恆易以知險」，並無「知者觀其彖辭」句。句在帛書〈易之義〉〕。」（第四十四行）

(04) 通行本：「八卦以象告，爻彖以情言。」

帛書本：「八卦以馬告也〔原文如是〕，教順以論語。」（第四十五行下至第四十六行上）

如果附會帛書的異文強作解釋，「緣」可能是「彖」的訛字，「彖」也可能是「緣」的假借字。「緣」即沿衣邊而飾之，又訓「順」，如《莊子‧齊物論》云：「不喜求，不緣道。」〈養生主〉云：「緣督以為經。」「緣」都作「順」解，故在帛書的「教順以論語」中，「教」即「爻」，「順」可能是因「緣」義而生的訛字。故「彖」者，順應卦象而為之飾，亦可備一說。不過卻是離傳統稍遠了。

〈繫辭〉中「彖」的傳統解釋是「判斷」、「裁決」之辭。爻彖並舉，爻是言乎爻變之辭，彖是言乎卦象之辭。《易》因象而為言，爻因動而為言，則彖就該是因一卦之吉凶悔吝而為言了。

八卦為眾卦之本，含萬象以示人，故云「八卦以象告」。及後乃有〈說卦〉之作，述八卦所取象。象中有情，是以爻和象乃因情而為言。帛書〈繫辭〉之「論語」或可解作「以論說而為言」。是以爻和象指的應該是論述爻和卦的情理的文字。「爻」即「爻辭」，那麼「象」就是「象辭」了。如果在《周易》經中，「象辭」是判斷、裁決之辭而又非爻辭，則當指卦辭無疑。換言之，〈繫辭〉的「象」是經文象辭。經文象辭非常簡短，令《周易》增添文采的是《易》傳象辭。《易》傳象辭引經文象辭而釋其義，自有一套完整的理論。〈象傳〉的價值觀很強，其思想未必和經象的思想一致，但經象過於簡短，其思想難以發揮，如果沒有〈象傳〉之助也難以看得出來。例如兌卦卦辭：「兌，亨，利貞。」只是幾個字的占辭，根本看不出道理。但兌象云：「兌，說〔即「悅」〕也，剛中而柔外，說以利貞，是以順乎天而應乎人。說以先民〔為民之先〕，民忘其勞；說以犯難，民忘其死。說之大，民勸矣哉。」兌的大道理於是躍然紙上。是以，觀經文象辭而可以思過半的，真的是非知者莫屬了。

「象」既是「斷」的通假字，從廣義上看，卦辭和爻辭都有「判斷」的意義。唐陸德明《經典釋文·周易音義》釋〈繫辭下〉的「知者觀其象辭，則思過半矣」就這樣說：「吐貫反〔此即「象」字讀音〕。馬〔馬融〕云：『象辭，卦辭也。』鄭〔鄭玄〕云：『爻辭也。』周〔陳周弘正〕同。王肅云：『象，舉象之要也。』師說：『通謂爻卦之辭也。』一云：『即夫子象辭。』」東漢馬融以象辭為卦辭，他

的學生鄭玄卻以象辭為爻辭，陸德明的老師張譏則以象辭泛指卦爻辭。以象辭為夫子象辭的只是其中一個說法。漢以前，〈象傳〉獨立於經辭之外。〈繫辭〉緊扣經辭而為言，除非「知者觀其象辭」兩句後加，不然不可能旁及「夫子象辭」。魏王肅據〈繫辭上〉的「象者，言乎象者也」，認為「象」舉象之要，可謂忠於原文，但並沒有說明那是卦辭還是〈象傳〉。而陸德明《經典釋文・注解傳述人》則云：「文王拘於羑里，作卦辭，周公作爻辭，孔子作彖辭、象辭、文言、繫辭、說卦、序卦、雜卦十翼。班固云：『孔子晚而好《易》，讀之韋編三絕，而為之傳。』『傳』即十翼也。」這是十分樸素的表述。但是，如果把這裏的「孔子作象辭」與〈繫辭〉的「知者觀其象辭」合解，便立刻產生問題，所以漢儒不能不把這個問題處理好。

〈繫辭上〉：「象者，言乎象者也；爻者，言乎變者也。」爻而能言，即爻辭，象而能言，即象辭。象言乎象，爻言乎變，象、爻既各有其職，象辭怎會是爻辭呢？〈繫辭下〉：「象者材也；爻也者，效天下之動者也。」又：「八卦以象告，爻象以情言。」都是爻象並舉，其別甚明。至於〈繫辭下〉的「知者觀其象辭」，後人卻看法不一。其實這一句是承上數句和開下數句而言的。全章如後：「《易》之為書也，原始要終以為質也。六爻相雜，唯其時物也。其初難知，其上易知，本末也。初辭擬之，卒成之終。若乎雜物撰德，辯是與非，則非其中爻不備。噫，亦要存亡吉凶，則居可知矣。知〔即「智」〕者觀其象辭，則思過半矣。二與四同

功而異位，其善不同，二多譽，四多懼，近也。柔之為道，不利遠者，其要无咎，其用柔中也。三與五同功而異位，三多凶，五多功，貴賤之等也。其柔危，其剛勝邪？」這段文字的重點在「中爻」，王弼以中爻為二、五爻，孔穎達因之；《周易集解》引唐人崔憬則以「中爻」為中四爻，而以孔說為非。

崔憬云：「上既具論初、上二爻，次又以明其四爻也。言中四爻雜合所主之事，撰集所陳之德，能辨其是非，備在卦中四爻也。」又云：「噫，歎聲也，言中四爻亦能要定卦中存亡吉凶之事，居然可知矣。孔〈疏〉扶王弼義，以此中爻為二、五之爻，居中无偏，能統一卦之義事，必不然矣。何則？上文云『六爻相雜，唯其時物』，言雖錯雜而各獨會於時，獨主於物，豈可以二、五之爻而兼其雜物撰德、是非存亡、吉凶之事乎？且二、五之撰德與是，要存與吉則可矣，若主物與非，要亡與凶，則非其所象，故知其不可也。且上論初、上二爻，則此中總言四爻矣。下論二四、三五，則是重述其功位者也。」雖然孔穎達〈正義〉以「中爻」為二、五爻，但因為上言「其初難知，其上易知」，已提及初、上爻，而下云「二與四」、「三與五」，指的正是中四爻，所以崔憬便認為「中爻」指中四爻。南宋朱熹仍之，注云：「此謂卦中四爻。」但朱熹注「知者觀其彖辭」則云：「彖，統論一卦六爻之體。」則仍以「彖辭」為卦辭。因為卦辭統論六爻之體，所以觀之則思過半。可是，因為這一段文字的行文，古來便有治《易》者認為「彖辭」指爻辭或泛指卦爻辭，而這裏的「觀其彖辭」即觀中四爻的爻辭。於

是「象辭」便只可視為卦或爻的「判斷之詞」而不一定指卦辭了。不過，在同一篇文章中的「象」字，有時指卦辭，有時指爻辭，而又爻象並舉，體例便混雜不純。〈繫辭上〉云：「是故君子所居而安者，《易》之序也；所樂而玩者，爻之辭也。」「爻之辭」即爻辭，〈繫辭〉並沒有以「象辭」代之。

那麼，「中爻」是否非指中四爻不可呢？並不一定。二與四同功，重點在二；三與五同功，重點在五，二、五俱中爻。而卦辭統論一卦六爻之體，往往集二、五爻之義而成，所以觀卦辭而思過半，不無道理。如果只觀中四爻爻辭而不觀初、上爻爻辭，則未免太貶損初與上，也不符合乾象「大明終始，六位時成」、〈乾文言〉「六爻發揮，旁通情也」和〈繫辭上〉「六爻之義易以貢」之旨。如果六爻爻辭都看，大抵不是智者也能思過半了。所以，觀卦辭而思過半似乎較觀爻辭而思過半為恰當。

「《易》之為書也，原始要終以為質也」一章的「《易》之為書也」至「卒成之終」以及「二與四同功而異位」至「其剛勝邪」不見於帛書〈繫辭〉，但全章差不多都見於帛書佚篇〈易之義〉。《易》學專家廖名春教授經過考證後，正〈易之義〉之名為〈衷〉。〈衷〉篇的該段文字經「修復」和「翻新」後，大致是這樣：「无德而占，則《易》亦不當。《易》之義，贊始要終以為質，六爻相雜，唯待物也。是故其初難知，而上易知也；本難知也，而末易知也。本則初如擬之，敬以成之，終而无咎。〔缺兩句〕，嚮物撰德，大明在上，正其是非，則非其中爻不備。若无德而占，危哉。《易》亦

不當。擬德占之，則《易》可用矣。子曰：『知者觀其彖〔帛書原文作「緣」〕辭，而說過半矣。』《易》曰：『二與四同功異位，其善不同，二多譽，四多懼，近也。』近也者，謙之謂也。《易》曰：『柔之為道也，不利遠者，其要无咎，其用柔若中也。』《易》曰：『三與五同功異位，其過不同，三多凶，五多功，貴賤之等也。其柔危，其剛勝邪？』」

看這段文字，便知〈衷〉篇的寫成，遠後於〈繫辭〉。〈繫辭〉引用爻辭則稱「《易》曰」，而〈衷〉篇引用〈繫辭〉文句，竟然也稱「《易》曰」，其晚可知。〈衷〉篇又用「子曰」以別於「《易》曰」，更可能顯示兩者不同源。〈衷〉篇的「知者觀其彖辭」似上承「則《易》可用矣」而說明如何用《易》，而並非針對「則非其中爻不備」諸句。因此我們更難以確定「彖辭」指的是爻辭。

馬融而後，學者以「彖」稱卦辭者不在少數。西晉杜預注《左傳》亦師此說。《左傳・襄公九年》記穆姜引《周易》隨卦卦辭云：「是於《周易》曰：『隨，元亨利貞，无咎。』」杜預〈注〉：「《易》筮皆以變者占，遇一爻變義異則論象，故姜亦以象為占也。」杜預亦稱卦辭為象。孔穎達《春秋左傳正義》云：「《易》筮皆以變者為占，《傳》之諸筮皆是也。若一爻獨變則得指論此爻，遇一爻變以上，或二爻三爻皆變，則每爻義異，不知所從，則當惣論象辭，故姜亦以象為占。此『元亨利貞，无咎』是隨卦之象辭也。」很明顯地，孔君亦隨杜預稱卦辭為象辭。

《左傳正義》又云：「《周易》卦下之辭，謂之為彖〔案：此即以經文卦辭為彖〕，彖者，統論一卦之體，明其所由之主〔案：此即王弼〈明彖〉句，原指統論卦體之辭，包括十翼中之「彖」〕。隨彖云『元亨利貞，无咎』者，元，長也，長亦大也；亨，通也；貞，正也。」這無疑是曲解了王弼。不過，跟《周易正義》不同，在《左傳正義》中，孔君的立場就非常明確。

前面提及過，孔君在乾彖「各正性命」後釋「彖」義，引用了王弼《周易略例・明彖》的「夫彖者何也？統論一卦之體，明其所由之主也」，指的是「大哉乾元，萬物資始」至「乾道變化，各正性命」這〈彖傳〉之辭，而並非視「乾，元亨利貞」這卦辭為彖辭。但在《左傳正義》中，孔君卻同樣引用王弼〈明彖〉之言而稱隨卦卦辭為「隨卦之彖辭」，可見孔君也不免被「彖辭」的詞義弄糊塗了。如果卦辭可「謂之為彖」，那麼短短的「大壯，利貞」、「家人，利女貞」和「睽，小事吉」是否都能「統論一卦之體，明其所由之主」呢？王弼〈明彖〉之「彖」包含經彖和〈彖傳〉，不能分割。孔君釋〈彖傳〉引〈明彖〉之言，釋經彖又引〈明彖〉之言，其實並不恰當。

歷代注《易》者大都以〈繫辭〉所言的「彖」為卦辭。〈繫辭下〉：「八卦以象告，爻彖以情言。」《周易集解》引唐人崔憬云：「爻謂爻下辭，彖謂卦下辭，皆是聖人之情見乎繫辭而假爻彖以言，故曰爻彖以情言。」〈繫辭上〉：「彖者，言乎象者也；爻者，言乎變者也。」南宋朱熹《周易本義》云：「彖謂卦辭，文王所作

者；爻謂爻辭，周公所作者；象指全體而言；變指一節而言。」
而《本義》於上經「乾，元亨利貞」下亦云：「『元亨利貞』，文王所
繫之辭，以斷一卦之吉凶，所謂彖辭者也。」於此可見一斑。

但是，王弼注《易》只注上下經及經中傳文，所以不用處
理〈繫辭〉中四個「象」字所引發的問題。履彖云：「履，柔履剛
也，說而應乎乾，是以履虎尾，不咥人，亨。」王弼注云：「凡
彖者，言乎一卦之所以為主也。成卦〔指履卦〕之體在六三也。
『履虎尾』〔履卦卦辭：「履虎尾，不咥人，亨。」〕者，言其危也。
三為履主，以柔履剛，履危者也。履虎尾而不見咥者，以其說
〔同「悅」〕而應乎乾也。乾，剛正之德者也。不以說行夫佞邪，
而以說應乎乾，宜其履虎尾不見咥而亨。」此處明顯地在解釋履
卦〈象傳〉之辭而非卦辭。但是，在〈明象〉中，王弼則以「象」
泛指統論卦體之辭，並無明確分為經文與傳文。事實上，〈象
傳〉之文已有卦辭在內，王弼合而明之，亦屬常理。而前引〈略
例下〉云：「故履卦六三為兌之主，以應於乾；成卦之體，在斯
一爻。故象敘其應，雖危而亨也。」所謂「敘其應」者，正說明
「象」已包含《易》傳之象辭，因履卦卦辭只云：「履虎尾，不咥
人，亨。」並無言及「說而應乎乾」。王輔嗣言「象」，變動不居，
正是「得意而忘象」的表現。

王弼〈明象〉云：「夫象者何也？統論一卦之體，明其所由之
主也。」〈略例下〉云：「凡象者，通論一卦之體者也。一卦之體，
必由一爻為主，則指明一爻之美，以統一卦之義。」晉韓康伯注

〈繫辭上〉之「彖者，言乎象者也」云：「彖總一卦之義也。」注〈繫辭下〉之「彖者材也」云：「材，才德也。彖言成卦之材，以統卦義也。」韓注源於王弼，故並無明言〈繫辭〉中的「彖」為卦辭。

王弼〈明象〉又云：「是故雜物撰德，辯是與非，則非其中爻，莫之備矣。」這是直接借用〈繫辭下〉的詞句，檃括「知者觀其彖辭」。邢璹知音，注云：「然則非是中之一爻，莫之能備。訟彖云『訟有孚，窒惕中吉，剛來而得中也』、困彖云『貞大人吉，以剛中也』之例是也。」所舉兩例俱見於《易》傳彖辭而非經文卦辭。蓋王輔嗣〈明象〉但取大意，其論縱橫排奡，文采爛然，卻不合用來注釋〈繫辭〉中的「彖」字。

孔穎達認為彖、象等十翼之辭，乃孔子所作，因為「先儒更无異論」。但他的《周易正義》採用了王弼和韓康伯注本，而王、韓卻並不以「彖」明指卦辭。看來，孔君疏〈繫辭〉、釋「彖」義時，是為了不正面衝撞王說，所以才解釋得稍為隱晦。但我們看得出他也認同〈繫辭〉之「彖」即卦辭之說。

名言示例

〈繫辭〉引孔子從爻辭所領略到的充滿哲理的話，並非常人所能道，卻是常人所能明白，如：

子曰：「小人不恥不仁，不畏不義，不見利不勸，不威

不懲。小懲而大誡，此小人之福也。《易》曰：『屨校滅趾，无咎。』此之謂也。」

這是孔子讀噬嗑初九爻辭的感想。如果沒有「小懲」，普通人就不會領悟「大誡」而不致日常犯大錯。所以「小懲」反為是福。以枷鎖繫足，掩蓋其趾，並非大禍。反而沒有「小懲」，以致日後犯下大錯，終而「何校滅耳」（噬嗑上九），那就大禍臨頭了。從小放縱子女的父母，就要引以為誡。又：

子曰：「德薄而位尊，知小而謀大，力小而任重，鮮不及矣。《易》曰：『鼎折足，覆公餗，其形渥。凶。』言不勝其任也。」

這是孔子讀鼎卦九四爻辭的感想。一個德、知和力都不堪重任的人卻要處高位，負重任，做大事，定會失敗而自招禍害。做人要有自知之明，不應不自量力，方能利己利人。同樣地，領導者也要時刻警惕自己，用人不可唯親而不唯才，以免禍及人民，自取其辱。

從〈繫辭〉中「子曰」的引文，我們看到孔子發揮爻義的精警語句。至於不是「子曰」的詞句，其語氣和「子曰」的引文幾乎一致，都在發揮孔子說《易》的微言大義。加以〈繫辭〉行文雄健，更可視之為古文寫作的典範。試看〈繫辭上〉第一章：

天尊地卑，乾坤定矣；卑高以陳，貴賤位矣；動靜有

常，剛柔斷矣。方以類聚，物以群分，吉凶生矣；在天成象，在地成形，變化見矣。是故剛柔相摩，八卦相盪；鼓之以雷霆，潤之以風雨；日月運行，一寒一暑；乾道成男，坤道成女。乾知大始，坤作成物；乾以易知，坤以簡能；易則易知，簡則易從；易知則有親，易從則有功；有親則可久，有功則可大；可久則賢人之德，可大則賢人之業。易簡而天下之理得矣，天下之理得而成位乎其中矣。

這一章氣盛辭雄，如重濤拍岸，充分表現了戰國思想家能言善辯的風範。在〈繫辭〉其他篇章中，如：

一陰一陽之謂道，繼之者善也，成之者性也。仁者見之謂之仁，知者見之謂之知。百姓日用而不知，故君子之道鮮矣。

又如：

是故形而上者謂之道，形而下者謂之器，化而裁之謂之變，推而行之謂之通，舉而錯之天下之民謂之事業。

又如：

天地之大德曰生，聖人之大寶曰位，何以守位曰仁，何以聚人曰財，理財正辭、禁民為非曰義。

用的都是抽絲剝繭、層層遞進的思辨方法，以及雄渾有力的詞句。

〈乾文言〉和〈坤文言〉都非長文，〈坤文言〉尤短，主要從不同角度闡釋乾坤卦爻，發揮文采的空間不大。縱如此，兩篇文章都有非常精彩的詞句。〈乾文言〉述九二之義云：

> 君子學以聚之，問以辯之，寬以居之，仁以行之。《易》曰：「見龍在田，利見大人。」君德也。

述九五之義云：

> 夫大人者，與天地合其德，與日月合其明，與四時合其序，與鬼神合其吉凶。先天而天弗違，後天而奉天時。天且弗違，而況於人乎？況於鬼神乎？

〈坤文言〉述初六之義云：

> 積善之家，必有餘慶；積不善之家，必有餘殃。臣弒其君，子弒其父，非一朝一夕之故，其所由來者漸矣，由辯之不早辯也。《易》曰：「履霜堅冰至。」蓋言順也。

述六二之義云：

> 直其正也，方其義也。君子敬以直內，義以方外，敬義立而德不孤。「直方大，不習无不利」，則不疑其所行也。

這些詞句不但充滿哲理，而且鏗鏘可誦。

〈文言〉有時會用韻句，以醒人耳目。〈坤文言〉的「積善之

家，必有餘慶；積不善之家，必有餘殃」便是韻句，上古「慶」、「殃」同韻部。〈乾文言〉：「潛龍勿用，陽氣潛藏。見龍在田，天下文明。終日乾乾，與時偕行。或躍在淵，乾道乃革。飛龍在天，乃位乎天德。亢龍有悔，與時偕極。乾元用九，乃見天則。」全是韻句，上古「藏」、「明」、「行」同韻部，「革」、「德」、「極」、「則」同韻部。〈坤文言〉：「坤至柔而動也剛，至靜而德方。後得主而有常，含萬物而化光。坤道其順乎，承天而時行。」也是韻句，上古「剛」、「方」、「常」、「光」、「行」同韻部。間或用韻句，無疑為文章增添了不少色彩。

象辭因為發揮卦義，所以常有發人深省的詞句。例如謙象：「天道虧盈而益謙，地道變盈而流謙；鬼神害盈而福謙，人道惡盈而好謙。」豐象：「日中則昃，月盈則食；天地盈虛，與時消息。而況於人乎？況於鬼神乎？」都是充滿哲理的箴言。縱使有時沒有太多哲理，象辭的韻句也鏗鏘可誦。例如蹇象：「蹇，難也，險在前也。見險而能止，知矣哉。蹇利西南，往得中也。不利東北，其道窮也。利見大人，往有功也。當位貞吉，以正邦也。蹇之時用大矣哉。」其中「中」、「窮」、「功」、「邦」同韻部。姤象：「姤，遇也，柔遇剛也。勿用取女，不可與長也。天地相遇，品物咸章也。剛遇中正，天下大行也。姤之時義大矣哉。」其中「剛」、「長」、「章」、「行」同韻部。

爻辭主要指出某爻的吉凶悔吝，句子往往短而少，但也不無警動之言，像坤六二：「直方大，不習无不利。」蠱上九：「不事王

侯，高尚其事。」便都十分警動。而爻辭有時以韻句簡述故事，也相當生動，如大過九二：「枯楊生稊，老夫得其女妻。无不利。」「稊」與「妻」協韻；大過九五：「枯楊生華，老婦得其士夫。无咎无譽。」「華」與「夫」協韻；困六三：「困于石，據于蒺藜；入于其宮，不見其妻。凶。」「藜」與「妻」協韻；漸九三：「鴻漸于陸，夫征不復，婦孕不育。凶，利禦寇。」「陸」、「復」、「育」協韻。

我們有些日常用詞，如「自強不息」、「無咎無譽」、「不速之客」、「密雲不雨」、「夫妻反目」、「天地交泰」、「無妄之災」、「虎視耽耽」、「突如其來」、「從一而終」，都在《周易》中見到，更平添不少親切感。

《周易》是古代士子必讀的書，所以古人為文，為詩，甚至取名，都往往自《周易》取材，當時可謂「不學《易》，無以言」。讀《易》能令我們較容易看明白前人的詩文，也能令我們多認識一些警世和勵志的詞句，使我們待人接物時有所參考。《周易》的「辭」、「變」、「象」都是為占筮而設的。不占的時候，我們能賞其辭，觀其象，味其精義，以達到修身齊家的目的，便可謂善用《易》道，也符合孔子所言的聖人之道。

注 一

　　「十翼」之説不知起於何時。或謂其詞始見於《易》緯《坤鑿度》，而《乾鑿度》既先於鄭玄，故《坤鑿度》亦當是漢人所作。案今本《乾坤鑿度》卷下〈坤鑿度〉有「仲尼魯人，……五十究《易》，作十翼明也」等句。《乾坤鑿度》卷上〈乾鑿度〉（案：此非鄭玄所注之《乾鑿度》）題下云：「庖犧氏先文，公孫軒轅氏演古籀文，蒼頡修為上下二篇。」卷下〈坤鑿度〉題下云：「庖犧氏先文，公孫軒轅氏演籀，蒼頡修為下文。」此書不見於漢唐目錄，南宋晁公武、陳振孫俱以為近人偽託。陳氏《直齋書錄解題》卷三「讖緯類」有《乾坤鑿度》二卷，題下云：「一作《〈〈鑿度》，題『包義氏先文，軒轅氏演籀，蒼頡脩』。晁氏《讀書志》〔《郡齋讀書志》〕云《崇文總目》無之，至元祐田氏書目始載，當是國人依託為之。」然清高宗〈題乾坤鑿度〉五古首云：「乾坤兩鑿度，撰不知誰氏。矯稱黃帝言，蒼頡為修飾〔入聲作上聲，讀「傷以切」，見戈載《詞林正韻》〕。以余觀作者，蓋後於莊子。」四庫館臣不敢忤逆聖意，故《四庫全書總目提要》云：「伏讀御製〈題乾坤鑿度〉詩，定作者後於莊子。……仰蒙聖明剖示，精確不刊，洵永為是書定論矣。」然審宋人之言，則《提要》未可盡信也。

注 二

　　〈正義〉於〈説卦〉題下云：「説卦者，陳説八卦之德業變化及法象所為也。孔子以伏羲畫八卦，後重為六十四卦，八卦為六十四卦之本。……然引而伸之，重三成六之意猶自未明，仰觀俯察、近身遠物之象亦為未見，故孔

子於此更備說重卦之由及八卦所為之象，故謂之〈説卦〉焉。」於〈序卦〉題下云：「序卦者，文王既繇六十四卦〔昔卦爻辭又稱「繇」。《國語・晉語》：「文武具，厚之至也，故曰屯。其繇曰：『元亨利貞，勿用有攸往，利建侯。』」《左傳・昭公七年》：「且其〔屯卦〕繇曰：『利建侯。』嗣吉何建？建非嗣也。」《左傳・襄公二十五年》：「且其〔困卦六三〕繇曰：『困于石，據于蒺藜。入于其宮，不見其妻，凶。』困于石，往不濟也，據于蒺藜，所恃傷也；入于其宮，不見其妻，凶，無所歸也。」〕，分為上、下二篇，其先後之次，其理不見。故孔子就上、下二經，各序其次之義，故謂之〈序卦〉焉。」於〈雜卦〉題下云：「上序卦，依文王上下而次序之；此雜卦，孔子更以意錯雜而對辨，其次第不與序卦同。故韓康伯云：『雜卦者，雜糅眾卦，錯綜其義，或以同相類，或以異相明也。』」

〈雜卦〉向不為治《易》者所重，然其錯簡一事，亦宜論及。〈雜卦〉用「旁通」及「反」〔見《周易集解》引虞翻〕兩例，合兩卦為一組，以韻文述六十四卦卦義。發端云：「乾剛坤柔，比樂師憂；臨觀之義，或與或求。」乾坤既為旁通亦為反，比師為反，臨觀為反。然至末云：「大過顛也〔與其上兩句「需不進也，訟不親也」叶韻〕。姤遇也，柔遇剛也；漸女歸，待男行也。頤養正也，既濟定也。歸妹女之終也，未濟男之窮也。夬決也，剛決柔也；君子道長，小人道憂也。」則不合「旁通」及「反」之例。清惠棟《鄭氏周易》增補南宋王應麟所輯《周易鄭康成注》，於「大過顛也」之下引晁氏引鄭玄云：「自此以下，卦音不協，似錯亂失正，弗敢改耳。」清張惠言《周易鄭注》於「卦音」下注云：「《會通》〔元董真卿《周易會通》〕作『旨』。」是。《周易會通》云：「《音訓》〔南宋呂祖謙《古周易・音訓》〕：『晁氏曰：「鄭云：『自此以下卦旨不協，似錯亂失正，弗敢改耳。』」』」南宋朱熹《周易本

義》於「小人道憂也」下注云：「自『大過』以下，卦不反對，或疑其錯簡。今以韻協之，又似非誤，未詳何義。」董真卿《周易會通》引蔡氏云：「自『大過』以下有亂簡。案〈雜卦〉例皆反對，協韻為序。今以其例改正：『大過顛也。頤養正也，既濟定也〔「正」、「定」屬耕部〕。未濟男之窮也，歸妹女之終也〔「窮」、「終」屬冬部〕。漸女歸，待男行也；姤遇也，柔遇剛也〔「行」、「剛」屬陽部〕。夬決也，剛決柔也；君子道長，小人道憂也〔「柔」、「憂」屬幽部〕。』」於是大過與頤為旁通，既濟與未濟為旁通亦為反，歸妹與漸為旁通亦為反，姤與夬為反，兩兩相合，體例乃醇，確灼見也。香港中文大學崇基學院 1971 年學報《華國》第六期載陳乃琛《〈易‧雜卦傳〉的分析與探討〉一文，論〈雜卦〉錯簡甚詳，可參考。

第三章：《周易》異文異義舉隅

自列於學官以後，《周易》的內文便得到朝廷的訂定，趨於一致。因為民間的《周易》版本流傳不廣，是以異文並不多見。後漢許慎《說文解字》偶爾引用《周易》的詞句，與通行本不盡相同，例如：「𠫓，不順忽出也。从到子。《易》曰：『𠫓如其來如。』不孝子𠫓出，不容於內也。」「𠫓」字和通行本的「突」字異；又例如：「䕻，艸木相附，䕻土而生。从艸麗聲。《易》曰：『百穀艸木䕻於地。』」引文和通行本的「百穀草木麗乎土」也不盡同。這可能是許慎所見「費氏《易》」的版本。這兩則異文很有用，前者使我們了解到「突」是「𠫓」的假借字；後者告訴我們通行本「日月麗乎天」的「麗」字並非「華麗」的「麗」，而是「䕻」的假借字，解作「附著」。

《周易》行文簡約，往往費解，卻增加了猜度的空間。古人從「象數」和「義理」角度注釋，結論會很不同，於是造成不少懸案。不過，近世甲骨卜辭和竹簡的大量發現，以及 1973 年帛書《周易》的出土，都在文字和訓詁上解決了通行本《周易》的一些疑難。甲骨卜辭和竹簡主要提供了史事資料，卜辭還提供了周以前的占卜資料。帛書《周易》則因為有很多異文，反而可作參考和校勘之用。這些新發現的材料自然會引致新的解釋。另外，我們利用近世上古音韻研究的成果，也能發現《周易》內文一些詞序和斷句的

問題。我現在就下述三個課題討論一下：（一）因行文簡約而產生的異義，（二）帛書《周易》的啟示，（三）上古音韻的啟示。

因行文簡約而產生的異義

(01)「先甲三日，後甲三日」和「先庚三日，後庚三日」

蠱卦卦辭：「元亨，利涉大川。先甲三日，後甲三日。」蠱象末云：「先甲三日，後甲三日，終則有始，天行也。」卦辭後，唐李鼎祚《周易集解》引舊題子夏《易傳》云：「先甲三日者，辛壬癸也。後甲三日者，乙丙丁也。」這解法是以三日為「一連三日」。《集解》又引後漢馬融云：「甲在東方，艮在東北〔蠱卦上艮下巽〕，故云先甲。巽在東南，故云後甲。所以十日之中，唯稱甲者，甲為十日之首〔自甲日至癸日為十日，第十一日復為甲日。然以方位喻日，亦怪矣〕，蠱為造事之端〔蠱象：「利涉大川，往有事也。」序卦：「蠱者事也。」〕，故舉初而明事始也。言所以三日者，不令而誅謂之暴，故令先後各三日，欲使百姓徧習，行而不犯也。」這裏指政令須有寬限期，使人民熟悉。不過，生效期後有三日寬限則說得通，生效前三日才作預告就稍嫌倉卒。

蠱象後，《周易集解》引後漢虞翻云：「謂初變成乾〔蠱初爻動成陽，則下卦成乾〕，乾為甲〔乾納甲、壬，坤納乙、癸，震納庚，巽納辛，坎納戊，離納己，艮納丙，兌納丁。《京氏易傳》卷下：「分天地乾坤之象，益之以甲乙壬癸；震巽之象配庚辛，坎離之象配戊己，艮兌

之象配丙丁。」《河洛理數》卷一〈八字天干配卦例〉:「壬甲從乾數,乙癸向坤求。庚來震上立,辛在巽方遊。丙於艮門立,己以離為頭。戊須坎處出,丁向兌家流。」案「立」字兩見於句末,頗見粗淺,「震上立」何不作「震上坐」邪?〕至二成離〔初爻已動成陽,二爻動成陰,則下卦成離〕,離為日〔〈說卦〉:「離為火,為日。」〕。謂乾三爻在前〔指初爻動後之下卦三爻,「先」喻「前」〕,故『先甲三日』,賁時也〔爻變至二成離,離為火,上卦艮為山,卦成山火賁〕。變三至四體離〔第三爻動成陰,下卦成震;第四爻動則上卦成離。「體」指卦內之卦〕,至五成乾〔第五爻動,上卦成乾〕。乾三爻在後,故『後甲三日』,无妄時也〔初至五爻遞變,則成无妄〕。《易》出震〔〈說卦〉:「帝出乎震。」〕,消息〔即消長〕歷乾坤象〔初至三爻變至頤,二三四五爻互坤〕,乾為始,坤為終,故終則有始。乾為天〔〈說卦〉:「乾為天,為圜。」〕,震為行〔〈說卦〉:「震,動也。」又:「震為足。」〕,故天行也。」虞氏解《易》,力證卦爻辭和象象每字不輕下,背後都有其象。這裏旨在解釋「先甲三日」和「後甲三日」這兩句如何取象,至於為何要以甲日之前和之後三日為行事之日,其解釋似乎沒有提及。

和「先甲三日,後甲三日」相呼應的是巽卦九五爻辭:「貞吉,悔亡,无不利,无初有終。先庚三日,後庚三日,吉。」《周易集解》在「无初有終」後引虞翻云:「得位處中,故貞吉、悔亡、无不利也。震巽相薄〔〈說卦〉:「雷風相薄。」〕,雷風无形,當變之〔往也〕震矣〔巽自初爻變至上爻則成震〕。巽究為躁卦〔〈說卦〉:

「巽為木，……其究為躁卦。」躁卦指震，〈說卦〉：「震為雷，……為決躁。」〕，故无初有終也〔巽為陰卦，有坤象；震為陽卦，有乾象。坤卦卦辭：「先迷後得主。」〕。」

《集解》在「先庚三日，後庚三日，吉」後引虞翻云：「震，庚也〔震納庚〕，謂變初至二成離，至三成震〔巽初爻動而下卦成乾，第二爻動而下卦成離，至第三爻動而下卦成震〕。震主庚，離為日〔〈說卦〉：「離為火，為日。」〕。震三爻在前，故先庚三日，謂益時也〔上卦巽為風，下卦變而成震，震為雷，卦成風雷益〕。動四至五成離，終上成震〔第四爻動而上卦成乾，第五爻動而上卦成離，至上爻動而上卦成震〕。震〔「震」字後奪「三」字〕爻在後，故後庚三日也。巽初失正〔巽初爻陰爻居陽位，故失正〕，終變成震，得位〔震初爻陽爻居陽位，故得位〕，故无初有終吉。震究為蕃鮮，白謂巽白〔〈說卦〉：「震為雷，……其究為健，為蕃鮮。」蕃鮮即蕃盛鮮明，巽卦之象。〈說卦〉：「巽為木，為風，……為白。」〕，巽究為躁卦，躁卦謂震也。與蠱『先甲三日，後甲三日』同義。五動成蠱〔巽九五動而成陰，卦成山風蠱，即「巽之蠱」〕，乾成于甲〔乾納甲〕，震成于庚〔震納庚〕，陰陽天地之始終，故經舉甲庚于蠱象巽五也。」

《集解》所引虞翻注釋之未言及者，乃先甲三日為辛，後甲三日為丁，巽納辛，兌納丁，乾納甲。先庚三日為丁，後庚三日為癸，兌納丁，坤納癸，震納庚。歷舉乾坤震巽即包含天地始終的道理。

魏王弼以義理注《易》，所以有不同的演繹。王弼注蠱彖云：

「蠱者，有事而待能之時也。可以有為，其在此時矣。物已說隨〔蠱卦前即隨卦。隨象：「隨剛來而下柔，動而說。」「說」即「悅」〕，則待夫作制以定其事也。進德修業，往則亨矣。故元亨利涉大川也。甲者，創制之令也。創制不可責之以舊，故先之三日，後之三日，使令洽而後乃誅也。因事申令，終則復始，若天之行，用四時也〔天因四季而行其事〕。」王弼大抵參考了馬融注，所以也用「誅」字。但馬融謂：「不令而誅謂之暴，故令先後各三日，欲使百姓偏習，行而不犯也。」問題則在於申令先三日已使百姓偏習，於理不合。王弼但言「故先之三日，後之三日，使令洽」，因為沒有明言如何使令洽，反而沒有邏輯上的問題。

王弼注巽九五爻辭云：「以陽居陽，損於謙巽〔九五陽爻居陽位，剛強則損其謙遜〕。然秉乎中正以宣其令，物莫之違，故曰貞吉悔亡无不利也。化不以漸，卒〔即「倉卒」〕以剛直用加於物，故初皆不說也。終於中正，邪道以消，故有終也。申命令謂之庚，夫以正齊物，不可卒也。民迷固久，直不可肆也。故先申三日，令著之後，復申三日，然後誅而无咎怨矣。甲庚皆申命之謂也。」

我們不論以象數或義理解《易》，都不免望文生義。不過，王弼不以甲、庚為甲日和庚日，卻說「甲庚皆申命之謂也」，這就非常令人費解。漢有令甲、甲令，所以以甲喻申命尚可，以庚為申命就不知何所據。謂庚為更改舊制或許較合。不過，以兩個表年月日時的天干為「申命之謂」恐怕是附會了。

這一點，孔穎達其實看得出來。但他卻不方便跟王弼唱反調。孔君為「先甲三日」等句作疏云：「『蠱者有事待能之時』者，物既蠱壞，須有事營為。所作之事，非賢能不可，故經云『幹父之蠱〔初六爻辭〕』，幹則能也。『甲者創制之令』者，甲為十日之首，創造之令，為在後諸令之首，故以創造之令謂之為甲，故漢時謂令之重者謂之甲令，則此義也。『創制不可責之以舊』者，以人有犯令而致罪者，不可責之舊法，有犯則刑，故須先後三日，殷勤語之，使曉知新令，而後乃專誅。謂兼通責讓之罪，非尊〔專〕謂誅殺也。」這裏孔君含蓄地道出「甲為十日之首」，算是由甲日引申至甲令。又謂「誅」其實兼通責讓之罪，可以使殺氣減退一些。

至於「先庚三日」等句，孔〈疏〉主要都是重複王弼的注釋：「『先庚三日，後庚三日，吉』者，申命令謂之庚。民迷固久，申不可卒〔即「倉卒」〕，故先申之三日。令著之後，復申之三日，然後誅之，民服其罪，无怨而獲吉矣，故曰『先庚三日，後庚三日，吉』也。」蠱卦卦辭，孔〈疏〉云：「蠱者事也，有事營為，則大得亨通。有為之時，利在拯難，故利涉大川也。先甲三日，後甲三日者，甲者創制之令。既在有為之時，不可因仍舊令。今用創制之令以治於人，人若犯者，未可即加刑罰，以民未習，故先此宣令之前三日，殷勤而語之；又如此宣令之後三日，更丁寧而語之。其人不從，乃加刑罰也。其褚氏〔梁褚仲都〕、何氏〔隋何妥〕、周氏〔陳周弘正〕等並同鄭〔鄭玄〕義，以為甲者造作新令之日，

甲前三日，取改過自新，故用辛也〔甲日前三日是辛日〕。甲後三日，取丁寧之義，故用丁也〔甲日後三日是丁日〕。今案輔嗣〔王弼字輔嗣〕〈注〉，甲者創制之令，不云創制之日。又巽卦九五先庚三日後庚三日，輔嗣〈注〉：申命令謂之庚。輔嗣又云：甲庚皆申命之謂。則輔嗣不以甲為創制之日。而諸儒不顧輔嗣注旨，妄作異端，非也。」孔君《周易正義》既以王弼〈注〉為範本，所以對王弼的意見不能不加以維護。王弼以甲和庚為「申命」，並不以甲和庚為「申命之日」。孔君支持這個說法。甲和庚既解作「申命」，便不應該和乙、丙、丁、戊、己、辛、壬、癸扯上關係。所以王弼的注解非常巧妙地避開了其他天干。如果把甲解作「造作新令之日」，便暗示當日不一定是「甲之日」而可能是任何一個天干之日。所以把不一定是「甲之日」的「造作新令之日」前三天硬要說成辛日、後三天硬要說成丁日，便非常牽強。孔穎達多方取材，說了「宣令之後三日，更丁寧而語之」，「丁」字語帶雙關，可能是受了「甲者造作新令之日」的影響。

南宋朱熹《周易本義》釋蠱彖云：「庚，更也，事之變也。先庚三日，丁也；後庚三日，癸也。丁，所以丁寧於其變之前；癸，所以揆度於其變之後。有所變更而得此占者，如是則吉也。」釋巽九五云：「甲，日之始、事之端也。先甲三日，辛也；後甲三日，丁也。前事過中而將壞，則可自新以為後事之端，而不使至于大壞。後事方始而尚新，然更當致其丁寧之意，以監其前事之失，而不使至於速壞。聖人之戒深也。」朱熹以「三日」為「第三日」，

所以有「丁」、「癸」、「辛」三個天干。不過，全以諧音解釋三個天干只令人覺得刁鑽，恐怕難有說服力。

高亨《周易古經今注》引清王引之《經義述聞》謂「先甲三日，後甲三日，先庚三日，後庚三日，皆行事之吉日也」。王並侈引以《春秋》為主的古籍，以證「辛也、丁也、癸也皆行事之吉日也」，而行事則包括入學、祭祀和殯葬。王引之又云：「《漢書・武帝紀》：『詔曰，望見泰一，脩天文禮，辛卯夜，若〔高亨引作「若有」，然〈武帝紀〉及王引之引文都無「有」字〕景光十有二明，《易》曰：「先甲三日，後甲三日。」朕甚念年歲未咸登，飭躬齋戒，丁酉，拜況于郊。』顏〔顏師古〕注曰：『辛夜有光，是先甲三日也。丁日拜況，是後甲三日也〔顏氏又引後漢應劭注云：「先甲三日，辛也；後甲三日，丁也。言王者齊〔即「齋」〕戒必自新，臨事必自丁寧。」〕。』此辛與丁為吉日，而擇以行事之明證。西漢時占義〔高亨引作「古義」〕猶未亡矣。」高亨亦大致認同此說法。

王引之在力證辛、丁、癸為行事吉日之餘，更力斥虞翻注之非。王氏云：「案天有十日，甲與庚各居其一。若以乾為甲，震為庚，而分在前者為『先甲』『先庚』，在後者為『後甲』『後庚』，則是在先之日，惟甲與庚，在後之日，亦惟甲與庚，經當云『先甲一日，後甲一日，先庚一日，後庚一日』矣，安得有三日乎？其謬一也。『三日』之『日』謂歲時日月之日，『離為日』之『日』謂日月星辰之日，二者絕不相同，而據『離為日』以釋經之『三日』，其謬二也。蠱初變成乾，猶未為離也，不可便謂之『日』，至二成離，

已非復乾矣，何以仍謂之『甲』？巽變初至二成離，猶未為震也，不可便謂之『庚』。至三成震，已非復離矣，何以仍謂之『日』（其云動四至五成離，終上成震，故後甲三日，謬與此同）？其謬三也。蠱變三至四體離，至五成乾，乾三爻在後，故後甲三日。夫四爻居後三爻之始，而二爻、三爻則居前三爻之太半，去二爻、三爻言之，則離象不成，不可謂之『日』，連二爻、三爻言之，則又雜以前三爻之兩爻，不可謂之『後甲三日』矣。其謬四也。初變成乾，則前三爻皆陽爻矣，而又云變三至四體離，則前三爻之第三爻又變為陰爻，而不得為乾，因之不得為甲矣。欲附會後甲之三日而不能，並所謂『先甲』者，而亦失之，其謬五也。虞說殆不可從。」

虞注自有其不足之處，但王氏的批評則流於武斷。王氏五個論點的第一點旨在反對虞翻用「納甲」解釋「先甲」、「先庚」等句，但似乎冤枉了虞翻，蓋虞翻已明言「乾三爻在前」，而非「乾一卦在前」，所以他解「三日」的「三」是有所根據的。王氏所言反為不合理。餘下四點，王氏固甚有理。不過，虞翻為了證明經文無一字無來歷，故乞靈於爻變、互體、納甲諸法解釋經文的用字，並不一定看文義。是以王引之以文義攻擊虞翻，似乎沒有理解虞翻逐字處理的本意。

對「先甲」、「先庚」等句，王引之亦有其觀點。王氏云：「先甲後甲必繫之蠱、先庚後庚必繫之巽者，蠱之互體有震（三至五互成震），震主甲乙〔此處以方位言之，震在東方屬木，配以甲乙寅卯〕，

故言行事之日，而以近於甲者言之〔「先甲」之「甲」指日而非方位，故此亦強解〕；巽之互體有兌（二至五互成兌），兌主庚辛，故言行事之日，而以近於庚者言之也。巽之互體又有離（三至五互成離），離主丙丁，而不言先丙後丙者，巽之九五『无初有終』，甲者日之初也，癸者日之終也。若用先丙三日，後丙三日，則上推由乙而甲而癸，乙癸之間已有甲，非无初之義矣。下推至己而不至癸，非有終之義矣，故不言先丙三日、後丙三日也。巽之二、三、四爻互成兌，兌主庚辛，而先庚後庚不言於二三四而言於九五者，蠱之六五變為九五則成巽，不變則用先甲後甲，變則用先庚後庚，故於九五言之也。先甲三日，後甲三日，先庚三日，後庚三日，皆行事之吉日，故卦之行事者取焉。」

王引之譏虞翻據「離為日」以釋「三日」，而彼則以「甲之方」喻「甲之日」，蓋亦各取所需而已。王氏似亦以象數釋卦爻辭，但「三」字何所取象則未言及。

王引之謂「辛與丁為吉日，故擇以行事」，容或有理。然即以〈武帝紀〉為例，武帝「〔太始〕四年春三月，行幸泰山。壬午，祀高祖于明堂，以配上帝，因受計。癸未，祀孝景皇帝于明堂。甲申，修封。丙戌，禪〔即「禪」〕石閭。」可以看出，縱使漢武帝「丁酉拜覜於郊」，他祀高祖於明堂，卻不在辛巳日而在壬午日；而禪石閭也不在丁亥日而在丙戌日。所以並非辛、丁、癸之外無吉日。不過，重要的是，這裏的辛、丁、癸是以蠱、巽二卦為背景的。正如高亨所言：「先甲三日後甲三日乃承利涉大川而言，謂

筮遇此爻，涉大川而利，唯利在甲前之辛日與甲後之丁日，餘日則不利也。故曰利涉大川，先甲三日，後甲三日。巽九五云：『先庚三日，後庚三日，吉。』謂庚前之丁日，庚後之癸日，舉事則吉也。此則王氏所不及。」至於為何是辛日和丁日以及丁日和癸日，有從「象」解釋，有從「意」解釋，也有從「諧音」解釋。我個人認為，「先甲三日」等句並非隨便置於蠱、巽之中，當是從卦爻取象。當時的象未必與虞翻所說的象盡同，但上古之人望卦爻而得其象，玩其象而得其意，然後作卦爻辭以達其意，看來是當時構思和撰寫卦爻辭的正常程序。有關卦爻辭似乎首重「甲」、「庚」、「三」而非「丁」、「辛」、「癸」，故以「丁」、「辛」、「癸」的諧音作解釋則未免牽強。

(02)「喪羊于易」和「喪牛于易」

大壯六五：「喪羊于易，无悔。」旅上九：「鳥焚其巢，旅人先笑後號咷。喪牛于易，凶。」其中喪羊和喪牛的結果為何分別這麼大，「易」當作何解，以下說明一下。

「喪羊于易」，《周易集解》引後漢虞翻云：「四動成泰，坤〔四動後，上卦為坤〕為喪〔坤卦卦辭：「利西南得朋，東北喪朋。」〕；乾〔大壯及泰下卦俱為乾〕為易〔〈繫辭〉：「乾以易知，坤以簡能。」〕。四上之五，兌〔大壯五動為兌，未動時三四五互兌〕還屬乾〔下卦為乾，四未動時二三四互乾，乾、兌俱屬金〕，故喪羊于易〔兌為羊，乾為易。兌歸於乾，故有失羊之象〕。動各得正而處中和〔六五與九二

應，六五動則成陽，九二動則成陰，俱得正，又都處中位，有平和之象〕，故无悔矣。」故虞翻認為「易」作「輕易」解。只看字面，可釋為因輕易不慎而失羊，但到底損失不大，故不至有悔咎。

虞翻重象數，為了證明卦爻辭無一字無來歷，全都因象數而來，所以用力於取象。王弼則不大考慮卦爻辭是否無一字無來歷，力主得意而忘象。其注云：「居於大壯，以陽處陽猶不免咎，而況以陰處陽、以柔乘剛者乎〔陰爻在陽爻之上為「乘剛」〕？羊，壯也。必喪其羊，失其所居也。能喪壯于易，不于險難，故得无悔。二履貞吉〔大壯卦九二：「貞吉。」王弼兼提及履卦九二：「履道坦坦，幽人貞吉。」〕，能幹其任，而己委焉，則得无悔〔大壯九二與六五應。六五弱，九二強，俱得中，君子之象，故六五委九二代勞，則无咎〕。委之則難不至，居之則敵寇來〔四陽上迫，勢如敵寇〕，故曰『喪羊于易』。」

王注以「易」和「險難」對比，則以「易」解作「安」，而非「變易」、「交易」之「易」。孔穎達〈正義〉云：「羊剛狠之物，故以譬壯。云必喪其羊，失其所居者，言違謙越禮，理勢必然。云能喪壯于易，不於〔原文如是〕險難者，二雖應己，剛長〔生長〕則侵陰，為己寇難，必喪其壯，當在於平易、寇難未來之時，勿於險難、敵寇既來之日。良由居之有必喪之理，故戒其預防。」則孔君亦以「易」指「平易之時」。

南宋朱熹《周易本義》云：「喪，息浪反，象同。易，以豉反，

一音亦，旅卦同。卦體似兌〔大壯三、四、五爻互兌，兌為羊〕，有羊象焉，外柔而內剛者也。獨六五以柔居中，不能抵觸，雖失其壯，然亦無所悔矣，故其象如此；而占亦與咸九五同〔咸九五：「咸其脢，无悔。」〕。『易』，『容易』之『易』，言忽然不覺其亡也。或作『疆埸』之『埸』，亦通。〈漢食貨志〉〔《漢書・食貨志》〕『埸』作『易』。」唐陸德明《經典釋文》云：「鄭〔鄭玄〕音『亦』，謂狡易也。陸〔陸績〕作『埸』，謂壃埸也。」朱熹指此。至於鄭說則似無從者。朱熹第一解和虞翻相似。第二解是讀「易」為入聲，和「埸」通假。《廣雅・釋詁三》：「埸，界也。」徐鉉本《說文解字・新坿》收「埸」字，云：「疆也。」然古書往往以「疆埸」或「疆易」為一詞，「喪羊于易」無「疆」字，則屬異數。《玉篇》云：「埸，道之別名。」作「道」固然可解，但《玉篇》晚出，其說未知何所據。

「喪牛于易」，《周易集解》引虞翻云：「謂三動時，坤為牛〔旅卦九三動而下卦成坤；〈說卦〉：「坤為牛。」〕，五動成乾，乾為易〔旅卦六五動而上卦成乾，〈繫辭〉：「乾以易知。」〕。上失三〔上九與九三並陽爻，是以敵應〕，五動應二〔六五動成陽爻，與六二陰爻應〕，故喪牛于易。失位无應，故凶也。五動成遯〔五動而上卦成乾，下卦為艮，合為遯卦〕，六二：執之用黃牛之革〔遯六二爻辭〕，則旅家所喪牛也。」王弼注云：「牛者稼穡之資〔旅九四：「得其資斧。」〕，以旅處上，眾所同嫉，故喪牛於易，不在於難。」一如解「喪羊于易」，虞翻此處亦以「易」為「容易」、「輕忽」，王弼則仍以「易」為「安逸」。孔穎達〈正義〉則云：「眾所同嫉，喪其稼穡之資，理在不難。」似是以道理不難明白釋之，則又與虞、王異。

朱熹《周易本義》云：「喪、易，並去聲。上九過剛，處旅之上，離〔旅卦艮下離上〕之極驕而不順，凶之道也，故其象占如此。」朱熹不再提及「易」可通「疆場」之「場」，是因為他注大壯六五「喪羊于易」時已明言「易」字「一音亦，旅卦同」，所以此處不再贅述。朱熹可能察覺到「易」如果是實物會好解一些，所以多採納一個解法：疆場。但「場」前面沒有「疆」字也不見得好解。

近百年來，「喪羊于易」有了新解，也可能是確解。近代學者王國維等從出土的殷墟書契中發現了有關殷先祖王亥的零碎材料，再證以古書記載，認為「易」當指「有易」，是古國名。《山海經・大荒東經》：「有人曰王亥，兩手操鳥，方食其頭。王亥託于有易河伯僕牛。有易殺王亥，取僕牛。」晉郭璞注引汲郡《竹書紀年》：「殷王子亥，賓于有易而淫焉。有易之君綿臣殺而放之。是故殷王甲微假師于河伯，以伐有易，滅之。遂殺其君綿臣也。」案今本《竹書紀年》夏代「帝泄」條原文是：「帝元年辛未，帝即位。十二年，殷侯子亥賓于有易，有易殺而放之。十六年，殷侯微以河伯之師伐有易，殺其君綿臣。」夏時，殷為侯，以子為姓，故自契至紂都不以「子」為名以免與其姓重複。「子亥」的「子」當是姓。近世經學家高亨《周易古經今注》言此事甚詳。高氏云：「此云喪羊于易无悔，謂王亥喪其羊於有易，結果則無悔也。旅上九云：『鳥焚其巢，旅人先笑後號咷，喪牛于易，凶。』謂王亥被殺，喪其牛於有易，結果則凶也。由《易》文推斷，喪羊在王亥生時，喪牛在王亥死後，一云无悔，一云凶，皆就實記之。」「易」

作為地名、國名，比作為「容易」、「安樂」似乎更合行文之法。

高亨又云：「至王亥之史實，由王先生〔王國維〕發見（見〈殷卜辭中所見先公先王考〉）；《易》中之喪羊于易，喪牛于易，即王亥故事，由顧頡剛氏發見（見〈周易卦爻辭中的故事〉）。」不務剽竊，真學者也。

今學者張立文《周易帛書今注今譯》就「喪羊于易」也有詳論，並引殷契關乎王亥諸辭為證。結云：「古『狄』、『易』音近而通。《史記‧殷本紀》：『帝嚳妃簡狄。』〈索隱〉：『狄，舊本作「易」。』有狄即有易，亦即有扈〔《楚辭‧天問》：「胡終弊於有扈，牧夫牛羊。」〕。殷先王王亥旅居有易，牧畜牛羊，為甚麼被綿臣所殺？或説『賓於有易而淫焉』。此『淫』可能是男女之事，也可能是貪婪放恣。或説『有易殺王亥，取僕牛』，則是為奪王亥財產而被殺。説明商與有易曾發生過鬥爭。」

至於「喪羊于易」和「喪牛于易」有如此不同的占辭，則或許如高亨所言：「喪羊在王亥生時，喪牛在王亥死後。」又或許「喪羊于易」反用王亥喪牛於有易之意，謂如果王亥知道禍之將至，寧願喪失羊隻也要離開有易這險地，則無悔。《漢書‧揚雄傳》謂揚雄「以為君子得時則大行，不得時則龍蛇；遇不遇命也，何必湛身哉？乃作書，往往摭〈離騷〉文而反之，自岷山投諸江流以弔屈原，名曰〈反離騷〉」，唐陳子昂〈感遇〉其三十云：「箕山有高節，湘水有清源。」亦反用屈原沉身之意。

(03)「康侯用錫馬蕃庶，晝日三接」

晉卦卦辭：「康侯用錫馬蕃庶，晝日三接。」唐李鼎祚《周易集解》引虞翻云：「觀四之五〔即觀卦第四爻進而至第五位成主爻〕。晉，進也。坤為康，康，安也〔坤卦卦辭：「安貞吉。」此以安喻康〕。初動體屯〔初爻動成陽，下卦成震，三、四、五爻互坎，卦具屯卦之體〕，震為侯〔震卦卦辭：「震驚百里，不喪匕鬯。」震象：「震驚百里，驚遠而懼邇也。出可以守宗廟社稷，以為祭主也。」屯卦卦辭：「利建侯。」屯下卦為震〕，故曰康侯。震為馬〔〈說卦〉：「震為雷，……其於馬也為善鳴，為馵足，為作足，為的顙。」〕，坤為用〔〈說卦〉：「致役乎坤。」〕，故用錫馬。艮為多〔〈說卦〉：「艮為山，……其於木也為堅多節。」〕，坤為眾〔〈說卦〉：「坤為地，……為眾。」〕，故繁〔原文如是〕庶。离為日〔〈說卦〉：「離為火，為日。」〕，在上，故晝日；三陰在下，故三接矣。」

晉象：「是以康侯用錫馬蕃庶，晝日三接也。」《集解》引荀爽云：「陰進居五，處用事之位。陽中之陰，侯之象也。陰性安靜，故曰康侯。馬謂四〔九四陽爻，即乾爻，乾為馬〕也，五以下群陰錫四也〔即六五以下卦三陰賜九四〕。坤為眾，故曰蕃庶矣。」又引唐人侯果云：「康，美也。四為諸侯，五為天子，坤為眾，坎為馬〔〈說卦〉：「坎為水，……其於馬也為美脊，為亟心，為下首，為薄蹄，為曳。」〕。天子至明於上，公侯謙順於下。美其治物有功，故蕃錫車馬，一晝三覲也。〈采菽〉刺幽王侮諸侯，詩曰：『雖无與之，路車乘馬。』〔《周禮》〕大行人職曰：諸公三

饗、三問、三勞，諸侯三饗、再問、再勞，子男三饗、一問、一勞，即天子三接諸侯之禮也。」

上述三家對「康侯」的取象説法不一，但對「康侯」的釋義都無異議，而以侯果解釋得最為清楚。

魏王弼釋晉彖「晉，進也。明出地上，順而麗乎大明，柔進而上行」云：「凡言上行者，所之〔即「往」〕在貴也。」釋「是以康侯用錫馬蕃庶，晝日三接也」云：「康，美之名也。順以著明，臣之道也〔兼釋「順而麗乎大明」〕。柔進而上行，物所與也。故得錫馬而蕃庶。以訟受服，則終朝三褫〔見訟卦上九爻辭及小象〕；柔進受寵，則一晝三接也。」以義理釋晉卦象辭，亦甚清楚。

唐孔穎達《周易正義》云：「晉者卦名也。晉之為義，進長之名，此卦明臣之昇進，故謂之晉。康者美之名也，侯謂昇進之臣也。臣既柔進，天子美之，賜以車馬蕃多而眾庶，故曰『康侯用錫馬蕃庶』也。『晝日三接』者，言非惟蒙賜蕃多，又被親寵頻數〔讀入聲，頻也〕，一晝之間三度接見也。」又云：「『晉，進也』者，以今釋古，古之『晉』字即以進長為義，恐後世不曉，故以『進』釋之。『明出地上』者，此就二體釋得晉名，離上坤下，故言明出地上。明既出地，漸就進長，所以為晉。『順而麗乎大明，柔進而上行』者，此就二體之義及六五之爻釋『康侯用錫馬』已下也。坤順也，離麗〔即「麗」，附也〕也，又為明。坤能順從而麗著〔即附著〕於大明，六五以柔而進，上行貴位，順而

著明，臣之美道也。柔進而上行，君上所與也。故得厚賜而被親寵也。」又釋王弼「以訟受服」諸句云：「舉此對釋者，蓋訟言終朝，晉言一晝，俱不盡一日，明黜陟之速，所以示懲勸也。」

南宋朱熹《周易本義》釋晉卦卦辭云：「晉，進也。康侯，安國之侯也。錫馬蕃庶，晝日三接，言多受大賜，而顯被親禮也。蓋其為卦上離下坤，有日出地上之象，順而麗乎大明之德。又其變自觀而來，為六四之柔進而上行，以至於五。占者有是三者，則亦當有是寵也。」其釋與前人大致相同。

綜上所言，康是安、美，性安靜，能安國之謂。侯指諸侯、侯爵。錫即賜。蕃庶即眾多。三接謂勞問、親禮再三。兩千年來都作如是解。直至近世才有新的看法。

高亨《周易古經今注》釋晉卦卦辭云：

晉，卦名也。《釋文》：「晉，孟〔孟喜〕作『齊』。」二字音相近，蓋古通用耳。康侯即康叔封也。《書・康誥》：「王若曰：『孟侯，朕其弟，小子封。』」偽〈孔傳〉：「封，康叔名。」《左傳・定公四年》傳：「分康叔以大路、少帛、綪筏、旃旌、大呂，殷民七族，陶氏、施氏、繁氏、錡氏、樊氏、饑氏、終葵氏，封畛土，略自武父以南及圃田之北竟，取於有閻之土，以共王職；取於相土之東都，以會王之東蒐。聃季授土，陶叔授民，命以〈康誥〉，而封於殷虛。」又曰：「武王之母弟八人，周公為太宰，康

叔為司寇，聃季為司空，五叔無官。」《世本‧居篇》：「康叔居康，從康徙衛。」〈康侯鼎銘〉曰：「康侯丰作寶尊。」丰即《說文》之半，與「封」通用。據此康叔名封，武王之弟，為周司寇，初封於康，徙封於衛，故稱康叔，亦稱康侯。《易》之康侯即〈康侯鼎銘〉之康侯丰，而康侯丰即康叔封，墻無疑矣。「錫」猶「獻」也。《書‧禹貢》：「九江入錫大龜。」又曰：「禹錫玄珪，告厥成功。」〈召誥〉：「大保乃以庶邦冢君出，取幣，乃復入，錫周公。」諸「錫」字並獻義。蓋古者自上賞下曰錫，自下貢上亦曰錫，猶之予曰受、取亦曰受，賣曰沽、買亦曰沽也。《釋文》：「接，鄭音捷，勝也。」故「接」、「捷」古通用，《左傳‧莊公十二年》經：「宋萬殺其君捷。」〈僖公三十二年〉經：「鄭伯捷卒。」〈文公十四年〉經：「晉人納捷菑于邾。」《公羊》經「捷」並作「接」。《禮記‧內則》：「接以太牢。」鄭〈注〉：「接讀為捷。」《莊子‧則陽篇》：「接子。」《漢書‧古今人表》作「捷子」，皆其證（此采李富孫說）。《詩‧采薇》：「一日〔原文如是〕三捷。」毛〈傳〉：「捷，勝也。」蓋康叔曾奉王命，攻伐異國，一日三勝，俘馬甚眾，以獻於王，故記之曰：『康侯用錫馬蕃庶，晝日三接。』此為康叔故事，由顧頡剛氏發見（見〈周易卦爻辭中的故事〉），茲采其說而鎔裁之如左。

從字義看，康侯如果指衛康叔，其實比解作德美性靜之侯和安國之侯更為具體。可是，如果我們相信「文王作卦辭」之說，周

文王會不會把少子衛康叔作為晉卦卦辭的主角呢？會不會把一個未發生的故事寫進卦辭裏呢？如果我們也相信周公旦參與撰寫卦辭，他會不會不用先聖賢的故事而偏要用其少弟的故事呢？

據《史記・衛康叔世家》，衛康叔名封，是周武王同母少弟。武王崩，周公旦當國，紂子武庚祿父作亂，周公旦以成王命興師伐殷，殺武庚祿父，以武庚殷餘民封康叔為衛君。而周公恐康叔年少，先多方勸誡，然後命其就國。可見周公旦當國時，衛康叔還年輕。據《史記・魯周公世家》，成王七年，周公還政成王，其後卒於成王之世。〈衛康叔世家〉云：「成王長，用事，舉康叔為周司寇，賜衛寶祭器，以章有德。」並沒有言賜馬匹事。康叔封初為司寇時，周公旦雖仍在世，但會不會把尚未被「蓋棺論定」的少弟的一件並非獨一無二的事寫進卦辭裏呢？所以，如果我們認為「康侯」即衛康叔的話，我們也要懷疑卦辭是否文王、周公所作。

如果說「康侯用錫馬蕃庶」這個卦辭乃別人所為，這當然也有可能。不過，《周易》是魯國的寶書，那「別人」便應是魯國人。魯國人為何要把衛國人的故事放進卦辭呢？如果我們相信孔子曾整理《周易》，那麼這個卦辭會不會是孔子所為呢？如果孔子因「魯衛之政，兄弟也」而以衛康叔的故事代替原卦辭，卻不以周公的故事放進其他卦辭，那就未免顯得輕重不分了。況且我們也難以相信「述而不作，信而好古」的孔子會以自己的文字取代他認為可能是文王、周公的文字。所以，雖然以「康侯」解作「衛康叔」的確非常具體，卻還欠缺說服力。

究竟康侯是不是指衛康叔，1973 年出土的馬王堆漢墓帛書提供了一些參考材料。帛書《周易》溍卦卦辭是「康疾用錫馬番庶，畫日三緩」，基本上和通行本《周易》晉卦的卦辭一樣。帛書《周易》並沒有抄錄彖和象，卻於卦爻辭後附錄了大部分〈繫辭〉以及五篇和《周易》有關的戰國「佚書」，其中〈二三子問〉（該文第一句是「二三子問曰」，故最早研究帛書《周易》的學者以「二三子」及「二三子問」名之）提及晉卦卦辭，並且加以闡釋：

《易》曰：「康疾用錫馬番庶。畫日三緩。」孔子曰：「此言聖王之安世者也。聖□之正〔即「政」〕，牛參弗服，馬恆弗駕，不憂〔即「擾」〕乘牝馬〔中缺十至十二字〕時至，芻稾不重，故曰『錫馬』。聖人之立正〔即「政」〕也，必尊天而敬眾，理順五行，天地無菑〔即「災」〕，民□不傷，甘露時雨聚降，剽〔即「飄」〕風苦雨不至，民也相酳〔即「觴」〕以壽，故曰『番庶』。聖王各有三公三卿，畫日三緩□□□□□者也。

〈二三子問〉的作者以「康侯」為聖王之安世者而非衛康叔。漢至宋諸家的解釋和這位戰國作者的解釋相當接近，〈二三子問〉釋「錫馬」為賜馬於民而非獲君王賜馬，這解法和漢至宋諸家不同。「賜馬給人民」可能更好解，因為在《周易》卦爻辭和彖、象中，「用」字後的動詞一般都是「主動式」而非「被動式」的，「用」字也因此可以解作「以」。屯卦卦辭的「勿用有攸往」，蒙卦初六爻辭的「利用刑人」、「用說〔脫〕桎梏」，六三爻辭的「勿用取女」，

升卦六四爻辭的「王用亨〔享〕于岐山」，「用」字後的動詞都是「主動式」的。在這情況下，「用」字甚至可有可無。如蒙卦上九爻辭云：「擊蒙，不利為寇，利禦寇。」小象則云：「利用禦寇，上下順也。」這裏的「用」字只用以增強語氣和湊足四字之句。所以把「用錫馬」解作「獲賜馬」確實有語法問題。高亨大抵有見及此，所以釋「錫」為「獻」，於是「錫」便屬於「主動式」。「康侯獻馬」語意沒問題，但高亨繼而釋「接」為「捷」，而謂「蓋康叔曾奉王命，攻伐異國，一日三勝，俘馬甚眾，以獻於王」，那就等於釋「錫馬蕃庶，晝日三接」為「獻馬眾多，〔因為他曾〕一日三捷，獲馬眾多」，這先果後因的解法，無疑是強卦辭所難。

當然，〈二三子問〉的解釋並沒有絕對權威，只可作為參考，原因之一是其內文用「孔子曰」而不是「子曰」，正顯示作者未嘗親炙孔子；又用「二三子問曰」，正顯示作者不在二三子之列。這兩點足以證明作者並非孔子親授的學生。〈二三子問〉紀錄孔子對某些卦爻辭的解釋，內容跟〈乾文言〉和〈繫辭〉中的「子曰」云云並非全同。例如〈二三子問〉：「《易》曰：『□龍勿用。』孔子曰：『龍寝〔説者以此為「寢」字，然此或為「寖」之通假字，「寖」即「浸」，有「潛」義〕矣而不陽，時至矣而不出，可胃〔即「謂」〕寝矣。大人安失〔即「佚」〕矣而不朝，誫〔或即「苟」〕猒〔即「厭」〕在廷，亦猷〔即「猶」〕龍之寝也。亓〔即「其」〕行滅〔或謂此乃「減」字〕而不可用也，故曰「寝龍勿用」。』《易》曰：『抗〔即『亢』〕龍有悬〔即「悔」〕。』孔子曰：『此言為上而驕下。驕下而不怡〔即

「殆」〕者，未之有也。聖人之立正〔即「政」〕也若循木，俞〔即「愈」〕高俞畏下，故曰「抗龍有愍」。』《易》曰：『龍戰于野，亓〔即「其」〕血玄黃。』孔子曰：『此言大人之廣德而施教於民也。夫文之孝〔即「教」〕，采物畢存者，亓唯龍乎？德義廣大，灢物備具者，囗囗聖人乎？「龍戰于野」者，言大人之廣德而下綏民也；「亓血玄黃」者，見文也。聖人出灢教以道〔即「導」〕民，亦猷〔即「猶」〕龍之文也，可胃〔即「謂」〕「玄黃」矣，故曰「龍」。見龍而稱莫大焉。』」通行本《周易・乾文言》云：「初九曰：『潛龍勿用。』何謂也？子曰：『龍德而〔即「之」〕隱者也。不易乎世，不成乎名，遯世无悶，不見是而无悶。樂則行之，憂則違之，確乎其不可拔，潛龍也。』」又云：「上九曰：『亢龍有悔。』何謂也？子曰：『貴而无位，高而无民，賢人在下位而无輔，是以動而有悔也。』」〈乾文言〉解釋「潛龍勿用」，描述的是一個確乎其不可拔、不與時世俯仰的人，〈二三子問〉解釋「寢龍勿用」，描述的是一個頗好安佚，時至不出的人，但大致上都緊扣「潛伏」之義。至於解釋「亢龍有悔」，則兩者道理相若，不過〈二三子問〉更用了一個「爬樹」的比喻，到底也有相異之處。而〈二三子問〉對坤卦上六的闡釋，跟坤卦上六象辭以及〈坤文言〉的見解則可謂大相逕庭。坤卦上六象辭云：「龍戰于野，其道窮也。」〈坤文言〉云：「陰疑於〔原文如是〕陽必戰。為其嫌於無陽也〔《周易集解》作「為其兼于陽也」〕，故稱龍焉。猶未離其類也，故稱血焉。夫玄黃者，天地之雜也，天玄而地黃。」兩者的解釋都是負面的。〈二三子問〉卻以為「龍戰于野」比喻「大人之廣德而施教於民」、「大人之廣德

而下接民」，這便是斷章取義；合六爻爻辭而讀之，〈二三子問〉的解釋自然不通，所以只可視為橫向思維、借題發揮的產物，也只可作參考之用。

不過，解釋「龍戰于野」這段文字對我們理解「晝日三接」卻頗有幫助，而其中最有參考價值的，要算是「下綏民也」的「綏」字，「綏」即「接」。帛書〈二三子問〉因為多處殘缺，「晝日三綏」的解釋已經看不見，「下綏民也」正好提供了「三綏」的線索。「晝日三綏」後有六個字已經殘缺，而這六個字便可能與聖王一日三次 (即多次) 接見其卿士有關。

説到這裏，我嘗試大膽假設，晉卦卦辭的康侯可能暗指周文王姬昌。《史記・周本紀》有以下記載：

公季卒，子昌立，是為西伯。西伯曰文王，遵后稷、公劉之業，則古公、公季之法，篤仁，敬老，慈少。禮下賢者，日中不暇食以待士，士以此多歸之。伯夷、叔齊在孤竹，聞西伯善養老，盍往歸之。大顛、閎天、散宜生、鬻子、辛甲大夫之徒皆往歸之。崇侯虎譖西伯於殷紂曰：「西伯積善累德，諸侯皆嚮之，將不利於帝。」帝紂乃囚西伯於羑里。閎天之徒患之，乃求有莘氏美女，驪戎之文馬，有熊九駟，他奇怪物，因殷嬖臣費仲而獻之紂。紂大説〔即「悦」〕，曰：「此一物足以釋西伯，況其多乎！」乃赦西伯，賜之弓矢斧鉞，使西伯得征伐。

曰：「譖西伯者，崇侯虎也。」西伯乃獻洛西之地，以請
紂去炮格之刑，紂許之。西伯陰行善，諸侯皆來決平。
於是虞、芮之人有獄不能決，乃如周。入界，耕者皆讓
畔，民俗皆讓長。虞、芮之人未見西伯，皆慙，相謂
曰：「吾所爭，周人所恥，何往為，祇取辱耳。」遂還，
俱讓而去。諸侯聞之曰：「西伯蓋受命之君。」

西伯行仁政，歸馬於民，以資蕃殖（與〈二三子問〉以豐年釋「番
庶」不同）。又一日三次（多次）接見卿士，問之以治道，正合康
侯之指。《國語‧周語上》：「夫民之大事在農，上帝之粢盛於是
乎出，民之蕃庶於是乎生，事之供給於是乎在。」此「蕃庶」也解
作蕃殖、繁衍。紂為君，西伯為諸侯。西伯能行坤道以事紂，終
獲信任，則正如後世象辭所言「柔進而上行」。「康」是佳稱。周
成王崩，太子釗繼位，是為康王。〈周本紀〉云：「康王即位，徧
告諸侯，宣告以文武之業以申之，作〈康誥〉。故成康之際，天下
安寧，刑錯四十年不用。」戰國人寫的汲冢《周書‧謚法解》有「安
樂撫民曰康」之語。自漢以還，都以安釋康，蓋古實有此義。

帛書《周易》的啟示

(01)「天行健」

大家都聽過「天行健，君子以自強不息」這句箴言，這是《周
易》乾卦的象辭。卦的象辭又叫「大象」，以別於爻的象辭──小象。

唐孔穎達《周易正義》注「天行健，君子以自強不息」云：「此大象也。十翼之中第三翼，總象一卦，故謂之大象。但萬物之體自然，各有形象，聖人設卦以寫萬物之象。今夫子釋此卦所象，故言「象曰」。天有純剛，故有健，用今畫純陽之卦以比擬之，故謂之象。象在彖後者，彖詳而象略也。是以過半之義，思在彖而不在象，有由而然也。『天行健』者，行者運動之稱，健者強壯之名，乾是眾健之訓。今大象不取餘健為釋，偏說天者，萬物壯健皆有衰息，唯天運動日過一度，蓋運轉混沒，未曾休息，故云天行健。健是乾之訓也，順者坤之訓也。坤則云『地勢坤』，此不言『天行乾』而言『健』者，〔漢〕劉表云：『詳其名也。』然則天是體，名乾則用名，健是其訓。三者並見，最為詳悉，所以尊乾異於他卦。」

治《易》者都知道，乾卦的大象和其餘六十三卦的大象迥異之處，在於後者都含卦名，只乾卦沒有。第二卦坤大象：「地勢，坤。君子以厚德載物。」第三卦屯大象：「雲雷，屯。君子以經綸。」第四卦蒙大象：「山下出泉，蒙。君子以果行育德。」第五卦需大象：「雲上於〔《周易集解》作「于」〕天，需。君子以飲食宴樂。」至於六子卦，第二十九卦坎大象：「水洊至，習坎。君子以常德行，習教事。」第三十卦離大象：「明兩作，離。大人以繼明照于四方。」第五十一卦震大象：「洊雷，震。君子以恐懼修省。」第五十二卦艮大象：「兼山，艮。君子以思不出其位。」第五十七卦巽大象：「隨風，巽。君子以申命行事。」第五十八卦兌大象：「麗澤，兌。君子以朋友講習。」全都含卦名。

因為通行本《周易》乾卦象辭作「天行健」而不作「天行，乾」，注家便不能不就體例加以解釋。其中大抵以孔穎達最為詳細，孔君說「乾是眾健之訓」，繼而又說「健是乾之訓也」，這便是用「轉注」的方法作解釋，即「眾健」為「乾」，而「乾」即「健」。孔君也明白，「順者坤之訓也」。而「地勢，坤」不作「地勢順」，獨「天行健」不作「天行，乾」者，是「尊乾異於他卦」。這解釋其實已經相當可信。不過，當帛書《周易》公開後，孔穎達的解釋便沒那麼可信了，因為乾卦的「乾」，帛書《周易》作「鍵」。

　　通行本的「乾，元亨利貞」，帛書作「鍵，元亨利貞」。其他近世發現的上古寫本《周易》，都沒有乾卦卦名。1994 年由上海博物館和「上博之友」在香港購得、現藏於上海博物館的「戰國楚竹書」中，《周易》竹簡只錄得三十四卦，沒有乾卦。1977 年在安徽阜陽市雙古堆漢墓出土的「阜陽漢簡」中，《周易》竹簡嚴重殘缺，乾卦部分更已剝落。1993 年在湖北江陵縣王家台秦墓出土的「王家台秦簡」中，《歸藏》竹簡嚴重殘缺，乾卦部分的卦名或已脫落。一說乾卦卦符之後首兩字「天目」當是「天曰」，即以「天」喻「乾」。所以目前除了通行本《周易》之外，就只有帛書《周易》顯示了乾卦卦名。

　　若以通行本《周易》為本位看，帛書《周易》有很多假借字，其中有同音、近音的通假，有形近的假借，也有義近的假借。通行本《周易》的十翼也有不少假借字。這是因為上古文字並沒有規範化。帛書《周易》一些所謂假借字，今天絕對可視為錯別字，

而帛書《周易》縱使書於威儀棣棣的西漢初，其錯別字之多，實在令人難以置信。但是帛書「乾」作「鍵」，「坤」作「巛」，卻可能較通行本更正確。「坤」，遠古作「巛」，漢石經《周易》亦作「巛」。《大戴禮記・保傅》：「《春秋》之元，《詩》之關雎，《禮》之冠婚，《易》之乾巛，皆慎始敬終云爾。」近至《後漢書・輿服志下》：「黃帝、堯、舜垂衣裳而天下治，蓋取諸乾巛。乾巛有文，故上衣玄，下裳黃。」都仍用「巛」字。「坤」字當較晚出，所以古本《周易》中「坤」作「巛」更為合理。據「巛」之形，乃有「順也」的解釋。

至於「乾」，在一些較帛書更早的《周易》版本中，「乾」可能已經作「鍵」，而據「鍵」之形，乃有「健也」的解釋。而且乾坤諸卦先於《周易》，「乾」、「鍵」又同音，所以卦名乾以及卦名鍵可能早就並存，並且代表了兩個授《易》傳統。不過從「鍵」得「健」義就較從「乾」得「健」義為合理。

帛書《周易》沒有抄錄大小象，所以沒有「天行健」句。但有鑑於帛書《周易》中，乾卦的「乾」都作「鍵」，我們可以推想乾卦象辭本來是：「天行，鍵。君子以自強不息。」如果根據另一個傳統，就該是：「天行，乾。君子以自強不息。」其後「鍵」退「乾」進，至漢，中原的治《易》學者大抵已不知「乾」或作「鍵」，而「鍵」的痕跡就只能在〈象傳〉的「天行健」一詞中看到。

〈彖傳〉和〈象傳〉原各自成篇，東漢鄭玄把彖辭和象辭分置六十四卦經文之後，至魏王弼則把彖辭分置卦後（乾卦除外），把

象辭分置卦爻之後（乾卦除外），又把〈乾坤文言〉分為兩篇，為乾坤兩卦殿後，便成為今本《周易》的格式。^{（注）}所以，上古的〈象傳〉是獨立於卦爻辭而成書的，並且各自有其流傳的軌跡。可以推想，流行於漢代的〈象傳〉版本在漢以前原作「天行鍵」，而當「乾」字得令之時，有傳抄者並沒有把「天行鍵」改成「天行乾」，卻把「天行鍵」寫成「天行健」，於是乾卦象辭便成為唯一不含卦名的大象。

這個現象歷代注家都不能不正視。王弼並沒有注「天行健，君子以自強不息」，卻巧妙地在坤卦象辭「地勢，坤。君子以厚德載物」的「地勢坤」後注云：「地形不順，其勢順。」刻意把「地勢坤」看成「地勢順」，和「天行健」相呼應。孔穎達〈正義〉補充說：「地勢方直，是不順也。其勢承天，是其順也。」但這都是一廂情願的解法，改變不了「天行健」不含卦名這事實，所以孔穎達就索性說：「所以尊乾異於他卦。」直至帛書《周易》重見天日，我們才明白「天行健」極有可能原作「天行鍵」。

在帛書《周易》中，「鍵」是卦名，「乾」是「溼潤」之對。噬嗑卦九四爻辭，通行本作：「噬乾胏，得金矢，利艱貞，吉。」帛書本作：「筮乾瓈，得金矢，根貞吉。」六五爻辭，通行本作：「噬乾肉，得黃金，貞厲，无咎。」帛書本作：「筮乾肉，愚毒，貞厲，无咎。」帛書本「乾」字並不與「鍵」字相混。

帛書本《周易》噬嗑六五爻辭的「愚〔遇〕毒」是誤抄。「遇毒」

已見於噬嗑六三爻辭:「噬腊肉,遇毒,小吝,无咎。」而六五用黃金為象,乃因二、五中位,中屬土,其色黃;又六五變而成陽,上卦成乾,乾為金,故曰「得黃金」。爻辭於二位或於陰爻所居之五位可用黃,蓋除二、五居中之外,更因陰有坤象,坤為地,地為土,其色黃(〈坤文言〉:「天玄而地黃。」)。故坤六五爻辭云:「黃裳元吉。」離六二爻辭云:「黃離元吉。」遯六二爻辭云:「執之用黃牛之革,莫之勝說〔即「脫」〕。」解六二爻辭云:「田獲三狐,得黃矢,貞吉。」鼎六五爻辭云:「鼎黃耳金鉉,利貞。」只革初九爻辭云:「鞏用黃牛之革。」黃牛之革指六二,初九賴黃牛之革鞏固之。六二坤爻象牛,居中色黃,故曰「黃牛」。

(02)「突如其來如」

大家都用「突如其來」這個詞語,表示事情發生之快速。這個詞語來自《周易》離卦九四爻辭:「突如其來如,焚如,死如,棄如。」

離卦的「離」,帛書《周易》作「羅」。離卦的「離」解作「附著」,通行本《周易》離卦彖辭:「離,麗也。日月麗乎天,百穀草木麗乎土。」「麗」即「䕻」,乃「附著」之意。東漢許慎《說文解字》:「䕻,艸木相附,䕻土而生。從艸麗聲。《易》曰:『百穀艸木䕻於地。』」

中古音「離」、「䕻」都屬支韻,是同音字。但據古音韻學家研究所得,上古音「䕻」屬「支」部,「離」與「羅」同屬「歌」部,分

別只在於「離」有介音而「羅」沒有。所以當彖辭的作者說「離，麗也」時，「離」、「麗」可能並不同部，音近義同而已。反為「離」、「羅」還可算是同音通假。

通行本《周易》離卦九四爻辭：「突如其來如，焚如，死如，棄如。」魏王弼〈注〉：「處於明道始變之際，昏而始曉，沒而始出，故曰突如其來如。其明始進，其炎始盛，故曰焚如。逼近至尊，履非其位，欲進其盛以炎其上，命必不終，故曰死如。違離之義，无應无承，眾所不容，故曰棄如也。」這裏，「突」有「出其不意」之義，「突如」猶今之「突然」。《說文解字》：「突，犬從穴中暫出也。從犬在穴中。」《韓非子・外儲說右下》：「王子於期齊轡筴〔即「策」〕而進之，彘突出於溝中，馬驚駕敗。」此處「突出」即「突然出來」。

孔穎達〈正義〉云：「『突如其來如』者，四〔即第四爻〕處始變之際，三為始昏，四為始曉，三為已沒，四為始出，突然而至，忽然而來，故曰『突如其來如』也。『焚如』者，逼近至尊，履非其位，欲進其盛以焚炎其上，故云『焚如』也。『死如』者，既焚其上，命必不全，故云『死如』也。『棄如』者，違於離道，无應无承，眾所不容，故云『棄如』。是以象云『无所容』也〔象曰：「突如其來如，无所容也。」〕。」此處「忽然」與「突然」大致同義，與上古《莊子・天地》的用法稍異。〈天地〉篇云：「蕩蕩乎，忽然出，勃然動，而萬物從之乎。」晉郭象〈注〉：「忽、勃皆無心而應之貌。動出無心，故萬物從之，斯蕩蕩矣。」《說文解字》：「忽，

忘也。」和「突」義不同。

　　《説文解字》：「𠱂，不順忽出也。从到子。《易》曰：『突如其來如。』不孝子突出，不容於內也。」又：「㐬〔即「𠫓」〕，或从到古文子。即《易》『突』字。」今之通行本《説文解字》又稱大徐（徐鉉）本《説文解字》。清段玉裁《説文解字注》據小徐（徐鍇）《説文解字繫傳》，於「不容於內也」後置「𠱂，即《易》『突』字也」六字；並於「或从到古文子」後刪去「即《易》『突』字」四字。段氏於「𠱂，即《易》『突』字也」後注云：「倉頡〔即古文〕之『𠱂』即《易》之『突』字，非謂倉頡時已見爻辭，正謂《周易》之『突』即倉頡之『𠱂』也。此爻辭之用叚借也。『突』之本義謂犬從穴中暫出，『𠱂』之本義謂不順，故曰用叚借。按小徐本有此六字，大徐本刪之，由其不知許〔許慎〕意也。」

　　段玉裁注「𠱂，不順忽出也」云：「謂凡物之反其常、凡事之屰其理，突出至前者，皆是也。不專謂人子。」此處段氏以「突出」解「忽出」，即以「忽」為「突」。然「忽」的本義是「忘」。《説文》：「颮，疾風也。」「忽」解作「突」，可能從「颮」取意。《説文》：「屰，不順也。」古時「屰」和「逆」不同義，《説文》：「逆，迎也。」所以旅館又稱「逆旅」。而「忤逆」則原作「忤屰」。「𠱂」是「子」字的倒寫，象徵不孝子、不成人子，解作「忤逆〔不順〕而急進〔忽出、突出〕」。《説文》：「出，進也。」

　　段玉裁注「从到子」云：「『到』，今『倒』字。倒子，會意也。」

注「《易》曰突如其來如，不孝子突出，不容於內也」云：「此引《易》而釋之，以明从倒子會意之怡也。離九四曰：『突如其來如，焚如，死如，棄如。』鄭〔東漢鄭玄〕注曰：『震為長子，爻失正突如。震之失正，不知其所如。不孝之罪，五刑莫大，故有焚如死如棄如之刑。』〔三國〕如淳注〈王莽傳〉，亦曰：『焚如死如棄如，謂不孝子也。』皆與許合。許蓋出於孟氏〔孟喜〕矣。子之不順者謂之突如，造文者因〔即「因此」〕有『𠀬』字，施諸凡不順者。」

如果《説文》「𠀬」字條原文沒經過改動的話，許慎所見的官訂本《周易》離卦九四爻辭一定是「突如其來如」。許慎受孟氏《易》，所以知道孟氏所傳《周易》作「𠀬如其來如」，於是斷定「𠀬」是本字，「突」是假借字。如果以許君所言為準，王弼和孔穎達的解説便不免附會了。

帛書《周易》羅（即離）卦九四爻辭：「出如，來如，紛如，死如，棄如。」和通行本比較，此處「𠀬」作「出」，沒有「其」字，「焚」作「紛」。「紛」字肯定是誤寫。中古音「紛」是清聲母字，「焚」是濁聲母字，看來上古音清濁聲母頗容易混淆，故「焚」作「紛」是音近而訛。「出」和「𠀬」的上古音也可能相近甚至相同。中古音「出」是舌上音清聲母字，「𠀬」是舌頭音清聲母字，由於「古無舌上音」，故上古「出」應該也讀舌頭音，和「𠀬」可能是同音字。「突」雖然也讀舌頭音，卻是濁聲母字。所以許慎《説文解字》以「𠀬」為正字，以「突」為假借字，多少顯示了清濁聲母頗容易混淆，故用作同音假借。「𠀬」假借為「突」就如「焚」假借為「紛」一樣

清濁相混。所以「突如其來如」的「突」並不解作「出其不意地出現」，它只是「去」的假借字。而「去」則解作「忤逆」、「躁進」、「不安其位」。

如果帛書有謄寫成分的話，那麼望「去」而寫「出」的機會便較望「突」而寫「出」的機會大得多。《説文》以「去」為正，那麼「出」便是錯別字。縱然如此，「出」亦有義，可作「斥逐」解。不過就沒有了不孝子的成分，削弱了整個爻辭的故事性。

王弼注《周易》，往往得意而忘象，所以其注解稍嫌粗疏。唐李鼎祚《周易集解》自序云：「集虞翻、荀爽三十餘家，刊〔即「刪削」〕輔嗣〔王弼字輔嗣〕之野文，補康成〔鄭玄字康成〕之逸象。」書中離卦九四爻辭即作「炎如其來如，焚如，死如，棄如」。段玉裁《説文解字注》云：「若近惠氏定宇〔清初惠棟字定宇〕校李鼎祚《周易集解》改作『炎如其來如』，則為紕繆矣。」段氏的意思是《周易集解》作「炎」是惠棟所改，並認為惠氏矯枉過正。不過，《周易集解》引荀爽云：「陽升居五，光炎宣揚，故炎如也。」主要以陽爻居陰位的第四爻逼迫陰爻居陽位的第五爻取象，仍合於許慎的解釋。現存宋王應麟編輯、清惠棟校釋的鄭玄注《周易》亦作「炎」，訂正者清張惠言云：「王本作『突』，惠並改作『炎』。」攷定者清丁杰引宋晁説之 (字以道)《古易》序云：「『突』，鄭作『炎』。」大抵漢代官訂本《周易》以外之版本當有作『去』、『炎』者。而鄭玄注云：「震為長子，爻失正，又互體兌，兌為附決。子居明法之家而無正，何以自斷其君父不〔當作「之」〕志也？」亦以「失正」

解「不順」。

近代經學家高亨《周易古經今注》亦以「夵」為本字,而解釋為:「夵者,逐出不孝子也。」則是以「忽出」、「突出」為「逐出」。這無疑是訓「忽」、「突」為「逐」,或訓「出」為「斥逐」而以「忽」為「忽然」、「突」為「突然」。兩者都未能合於古義。高氏又云:「『如』猶『焉』也。『來』者,被出之子復來家也。焚、死、棄者,施於不孝者之刑也。」高氏又引《周禮‧掌戮》:「凡殺其親者焚之。」又引鄭〈注〉:「焚,燒也。《易》曰:『焚如,死如,棄如。』」又引《周易》鄭〈注〉:「不孝之罪,五刑莫大焉,得用議貴之辟刑之。若如所犯之罪,焚如殺其親之刑,死如殺人之刑,棄如流宥之刑。」終而為以下總結之辭:「不孝之子,既逐出焉,彼復來焉,則罪重者焚焉,其次死焉,更次棄焉,故曰『突如其來如,焚如,死如,棄如』。」高亨所言,是受了鄭玄〈注〉所影響。鄭〈注〉先指出不孝之罪,較任何罪都大。但接下去卻只是談量刑輕重,和不孝有直接關係的就只有「焚如殺其親之刑」。至於「死如」,只是一般殺人之刑。鄭玄把「棄如」解作「流宥之刑」,角度一轉,便從「棄其屍」變成「流放而原宥之」。鄭玄的注解把「焚死而棄之」硬說成三等量刑,明顯是穿鑿附會。高亨仍之,把爻辭的「去如其來如」說成若干被逐的不孝子一同回來。給拿住後,經過審訊,加以量刑,有些燒死,有些斬殺,有些流放,這就更穿鑿附會。唐代顏師古注《漢書‧匈奴傳》之「莽〔王莽〕作焚如之刑」,引三國如淳云:「焚如死如棄如者,謂不孝子也。不畜於父母,不

容於朋友，故燒殺棄之。莽依此作刑名也。」「燒殺棄之」正是「焚如，死如，棄如」的最好繙譯。

至於帛書《周易》作「出如」，更顯出古本《周易》作「厺如」的可能性，更證明了通行本「突如」的「突」是「厺」、「烾」的同音或近音假借字。所以，我們用「突如其來」來形容事情發生之快速，只是受了通行本《周易》的「突如其來如」所誤導。

(03)「水火不相射」

《周易‧說卦》：「天地定位，山澤通氣，雷風相薄，水火不相射。」唐李鼎祚《周易集解》引虞翻注「天地定位」云：「謂乾坤五貴二賤，故定位也。」注「山澤通氣」云：「謂艮兌同氣相求，故通氣。」注「雷風相薄」云：「謂震巽同聲相應，故相薄。」注「水火不相射」云：「謂坎離。射，厭也，水火相通，坎戊離己，月三十日一會於壬，故不相射也。」從行文角度來說，「不」字不存在比存在好。因一個「不」字，歷代注家都要對「射」字作負面的解釋，以求負負得正。釋「射」為「厭」是通行解法，雖然比較牽強，但亦沒有更好的解釋——直至帛書《周易》面世。

帛書於〈繫辭〉後，有佚書《《易》之義》（今學者廖名春已正其名為〈衷〉），云：「天地定立，□□□□，火水相射，雷風相搏。」其中有四個字已殘缺，考諸通行本〈說卦〉，當為「山澤通氣」。「立」應作「位」，與「氣」叶韻。「位」、「氣」兩字上古音同屬入聲「物」部，中古音才讀去聲。通行本的「水火不相射」是第

四句,帛書則作「火水相射」,是第三句。沒有「不」字在前,「射」字便有「發射」之義,「相射」即表示相激蕩。那麼「射」就不用解為「厭」了。

　　天地即乾坤,象父母;山澤即艮兌,象少男少女;雷風即震巽,象長男長女;水火即坎離,象中男中女。帛書置「火水相射」於「雷風相搏〔薄〕」之前,使男女排列由少至長,較通行本的少、長、中為有條理。至於「火水相射」恐怕還應是「水火相射」,先男後女,體例比較統一。「射」、「薄」、「搏」上古音俱屬入聲「鐸」部,叶韻;「薄」、「搏」更是同音字。

　　雖然帛書《周易》和附錄的佚書只能視為上古一個抄本,缺漏訛誤甚多,但拿它來校勘通行本《周易》,卻能解決不少訓詁問題。以上三個是比較有趣、易懂的例子。

上古音韻的啟示

(01)「樽酒簋,貳用缶,納約自牖,終无咎」

　　坎卦六四爻辭:「樽酒簋貳用缶,納約自牖,終无咎。」王弼〈注〉:「處重險而履正,以柔居柔,履得其位以承於五。五亦得位,剛柔各得其所,不相犯位,皆无餘應以相承比。明信顯著,不存外飾。處坎以斯,雖復一樽之酒,二簋之食,瓦缶之器,納此至約,自進於牖,乃可羞〔即「饈」〕之於王公,薦之於宗廟,故終无咎也。」王〈注〉以「樽酒」為「一樽之酒」,「簋貳」為「二

篡」。這可能受了損卦卦辭「曷之用？二簋可用享」所影響。王〈注〉似乎也和通行本《周易》坎卦六四象辭「樽酒簋貳，剛柔際也」相呼應。

孔穎達〈正義〉云：「『樽酒簋貳』者，處重險而履得其位，以承於五。五亦得位，剛柔各得其所，皆无餘應以相承比，明信顯著，不假外飾。處坎以此，雖復一樽之酒，二簋之食，故云『樽酒簋二』也。『用缶』者，既有樽酒簋二，又用瓦缶之器，故云『用缶』也。『納約自牖終无咎』者，納此儉約之物，從牖而薦之，可羞於王公，可薦於宗廟，故云終无咎也。」孔穎達選取了王弼注本作疏，所以一般都只跟隨王弼的注釋。這裏也不例外。

但李鼎祚《周易集解》所收的注釋，卻有稍為不同的解法。「尊酒簋貳用缶」後引虞翻云：「震主祭器，故有尊簋。坎為酒。簋，黍稷器。三至五有頤口象〔當是二至五，二、三、四、五互頤〕，震獻在中，故為簋。坎為木，震為足，坎酒在上，尊酒之象。貳，副也。坤為缶。禮有副尊，故貳用缶耳。」在「內〔即「納」〕約自牖終无咎」後又引虞翻云：「坎為內也〔坎為水，又為坎窞，故能納物〕。四陰小〔六四即居四之陰爻，陽為大，陰為小〕，故約。艮為牖〔〈說卦〉：「艮為山，……為門闕。」〕，坤為戶〔〈繫辭〉：「是故闔戶謂之坤，闢戶謂之乾。」〕，艮小光照戶牖之象〔艮為少男，故小〕。貳用缶，故內約自牖。得位承五〔六四陰爻居陰位，故得位，九五在其上，故承五，臣事君之象〕，故无咎。」虞〈注〉和王〈注〉最不同的地方，就是虞〈注〉讀「尊酒簋貳用缶」為：「尊酒簋，貳用缶。」

王〈注〉則讀之為：「樽酒，簋貳，用缶。」並釋「簋貳」為「二簋」。王弼注本的小象是「樽酒簋貳，剛柔際也」，李鼎祚輯本的小象卻是「尊酒簋，剛柔際也」，並沒有「貳」字。《經典釋文》以「樽酒簋」為正，並云：「一本更有『貳』字。」那麼，究竟虞翻和王弼的斷句法和解法誰對呢？應該是虞翻對。

先從行文看。如果「樽酒」指「一樽酒」，那麼「二簋」就不應倒裝作「簋貳」。「樽酒簋」即「一樽酒、一簋」，「簋」必盛載食物，故「食」字可省去。廣東人稱吃得異常奢侈為「食九大簋」，正保存了二千多年前的傳統。「樽酒、簋，貳用缶」更說明了主食（或主祭物）是一樽酒和一簋食物，副食（或副祭物）則用瓦缶盛著，以示樸素簡約。《周易集解》又引崔憬云：「於重險之時，居多懼之地，近三而得位，比五而承陽，修其絜誠，進其忠信，則雖祭祀省薄，明德惟馨，故曰『尊酒簋貳用缶內約』。文王於紂時行此道，從羑里內約，卒免於難，故曰『自牖終无咎』也。」《史記‧周本紀》：「崇侯虎譖西伯於殷紂曰：『西伯積善累德，諸侯皆嚮之，將不利於帝。』帝紂乃囚西伯於羑里。」《周易》爻辭有數處提及或隱喻史事，如「東鄰殺牛，不如西鄰之禴祭，實受其福」、「王用亨於西山」、「箕子之明夷」等。坎六四爻辭言一樽之酒，一簋之食，並以瓦缶盛載副食，而受食者只能從窗口收取這些簡約飲食，都似在描寫幽囚的環境，所以說這爻辭的靈感來自西伯幽囚事，不無道理。

從上古音韻角度審視，亦可證「樽酒簋貳」斷句之非。《周易》

爻辭非必用韻，但坎卦爻辭差不多都用韻。初六：「習坎〔談部〕，入于坎窞〔談部〕。凶。」六三：「來之坎坎〔談部〕，險且枕〔侵部〕，入于坎窞〔談部〕。勿用。」九五：「坎不盈〔耕部〕，祇既平〔耕部〕。无咎。」上六：「係用徽纆〔職部〕，置于叢棘〔職部〕，三歲不得〔職部〕。凶。」只有九二爻辭「坎有險，求小得」不用韻。六四爻辭韻腳最多：「樽酒〔幽部〕簋〔幽部〕，貳用缶〔幽部〕，納約自牖〔幽部〕，終无咎〔幽部〕。」《說文》：「簋，黍稷方器也。」並錄「簋」的古文「匭」、「朹」、「朹」三字，可見「簋」本從「九」（幽部）得聲。

至於坎六四象辭應作「樽酒簋貳」還是「樽酒簋」，對解釋爻辭並無影響。小象往往把爻辭的字堆砌成句，並不一定跟爻辭一樣的斷句。爻辭不能作「樽酒簋貳」。小象如果作「樽酒簋貳」則可解作「一樽酒、一簋（食物）和副食」，如果只作「樽酒簋」，就解作「一樽酒和一簋（食物）」。

(02)「艮其輔，以中正也」

艮卦六五象辭：「艮其輔，以中正也。」朱熹《周易本義》於六五象辭下云：「『正』字羨文，叶韻可見。」「羨文」即「衍文」，朱子看得出六五中而不正，所以認為「以中正也」當是「以中也」。而且「正」字與六四象的「躬」字和上九象的「終」字不叶；沒有「正」字，「中」字便與「躬」、「終」叶韻。

當然，「以中正也」還可能是「以正中也」，解作「以正乎中也」

而非「以其既正且中也」，一如〈乾文言〉九二「龍德而正中者也」之解作「龍德之正乎中者也」。

〈象傳〉本來是自成一篇的，而每一卦六爻的象辭一般都押韻，或一韻到底，或轉韻，間或句中叶韻。上古的讀者是看得出來的。漢代音韻逐漸改變，有些韻腳已經不太明顯。據說王弼把象辭分置卦爻之後。這樣的確方便閱讀，但小象的韻味便不免大減。

「以中正也」不僅見於艮卦小象，也見於他卦小象，有些叶韻，有些看似不叶韻。看似不叶韻的見於豫卦和艮卦；叶韻的見於需卦、訟卦和晉卦。現在先看豫卦和艮卦的小象（古韻分部據郭錫良《漢字古音手冊》）。

豫卦小象

初六：初六鳴豫，志窮凶〔東部〕也。

六二：不終日貞吉，以中正〔耕部〕也。

六三：盱豫有悔，位不當〔陽部〕也。

九四：由豫大有得，志大行〔陽部〕也。

六五：六五貞疾，乘剛〔陽部〕也。恆不死，中未亡〔陽部〕也。

上六：冥豫在上，何可長〔陽部〕也。

這裏「凶」和「正」看似未能叶韻。如果改「以中正也」為「以正中也」則叶。但朱熹並沒有注釋六二的「以中正也」，所以也沒有指出

「正」字的叶韻問題。《易》傳中「凶」〔東部〕和「中」〔冬部〕可叶，如坎卦首三爻象辭便是如此。坎初六象辭：「習坎入坎，失道凶〔東部〕也。」九二象辭：「求小得，未出中〔冬部〕也。」六三象辭：「來之坎坎，終无功〔東部〕也。」「凶」、「中」、「功」通叶。坎卦象辭：「維心亨，乃以剛中〔冬部〕也。行有尚，往有功〔東部〕也。」「中」、「功」通叶。

艮卦小象

> 初六：艮其趾，未失正〔耕部〕也。
> 六二：不拯其隨，未退聽〔耕部〕也。
> 九三：艮其限，危熏心〔侵部〕也。
> 六四：艮其身，止諸躬〔冬部〕也。
> 六五：艮其輔，以中正〔耕部〕也。
> 上九：敦艮之吉，以厚終〔冬部〕也。

把艮卦六爻的小象連起來讀，就不難發覺「以中正也」的「正」字可能「出韻」。明顯地，初、二爻小象叶韻，三、四、上爻小象「冬」、「侵」通叶。但第五爻小象卻看似出韻，那就較為奇怪。所以治《易》者或以為「中正」是「正中」之訛。「中」字屬冬部，如此則三、四、五、上爻的象辭都叶韻了。

現在看需、訟、晉三卦的小象。

需卦小象

> 初九：需于郊，不犯難行〔陽部〕也。利用恆无咎，未

失常〔陽部〕也。

九二：需于沙，衍在中〔冬部〕也。雖小有言，以吉終〔冬部〕也。

九三：需于泥，災在外〔月部〕也。自我致寇，敬慎不敗〔月部〕也。

六四：需于血，順以聽〔耕部〕也。

九五：酒食貞吉，以中正〔耕部〕也。

上六：不速之客來，敬之終吉〔質部〕。雖不當位，未大失〔質部〕也。

需卦初、二、三、上爻小象都是句中自叶，五爻小象則與四爻小象叶韻。而需卦象辭則云：「需，有孚，光亨，貞吉。位乎天位，以正中〔冬部〕也。利涉大川，往有功〔東部〕也。」「中」、「功」叶韻。象辭的「以正中也」並沒被寫成「以中正也」。

訟卦小象

初六：不永所事，訟不可長〔陽部〕也。雖小有言，其辯明〔陽部〕也。

九二：不克訟，歸逋竄〔元部〕也。自下訟上，患至掇〔月部〕也。

六三：食舊德，從上吉〔質部〕也。

九四：復即命，渝安貞，不失〔質部〕也。

九五：訟元吉，以中正〔耕部〕也。

上九：以訟受服，亦不足敬〔耕部〕也。

訟卦初爻小象句中自叶，二爻小象元部與入聲月部通叶，四爻小象與三爻小象叶韻，上爻小象與五爻小象叶韻。

晉卦小象

> 初六：晉如摧如，獨行正〔耕部〕也。裕无咎，未受命〔耕部〕也。

> 六二：受茲介福，以中正〔耕部〕也。

> 六三：眾允之志，上行〔陽部〕也。

> 九四：鼫鼠貞厲，位不當〔陽部〕也。

> 六五：失得勿恤，往有慶〔陽部〕也。

> 上九：維用伐邑，道未光〔陽部〕也。

晉卦初、二兩爻小象同韻部，三、四、五、上四爻小象同韻部。

通行本《周易》的小象並沒有「以正中也」，卻有「位正中也」，分別見於比、隨、巽三卦。

比卦小象

> 初六：比之初六，有它吉〔質部〕也。

> 六二：比之自內，不自失〔質部〕也。

> 六三：比之匪人，不亦傷〔陽部〕乎。

> 六四：外比於賢，以從上〔陽部〕也。

> 九五：顯比之吉，位正中〔冬部〕也。舍逆取順，失前禽〔侵部〕也。邑人不誡，上使中〔冬部〕也。

> 上六：比之无首，无所終〔冬部〕也。

此卦初、二爻小象同韻部，三、四爻小象同韻部，五、上爻小象「冬」、「侵」通叶。

隨卦小象

> 初九：官有渝，從正吉〔質部〕也。出門交有功，不失〔質部〕也。

> 六二：係小子，弗兼與〔魚部〕也。

> 六三：係丈夫，志舍下〔魚部〕也。

> 九四：隨有獲，其義凶〔東部〕也。有孚在道，明功〔東部〕也。

> 九五：孚于嘉吉，位正中〔冬部〕也。

> 上六：拘係之，上窮〔冬部〕也。

隨卦初爻小象句中自叶，三爻與二爻小象叶韻，四、五、上爻小象「東」、「冬」通叶。

巽卦小象

> 初六：進退，志疑〔之部〕也。利武人之貞，志治〔之部〕也。

> 九二：紛若之吉，得中〔冬部〕也。

> 九三：頻巽之吝，志窮〔冬部〕也。

> 六四：田獲三品，有功〔東部〕也。

> 九五：九五之吉，位正中〔冬部〕也。

> 上九：巽在牀下，上窮〔冬部〕也。喪其資斧，正乎凶〔東部〕也。

巽卦初爻小象句中自叶。二至上爻小象則「東」、「冬」通叶。

另外，姤卦九五象辭有「中正也」，井卦六五象辭有「中正也」，大壯卦九二象辭有「以中也」，巽卦九二象辭有「得中也」，節卦九五象辭有「居位中也」，恆卦九二象辭有「能久中也」，「正」和「中」都是叶韻字。

從引例中看得出，通行本《周易》小象中「以中正也」出現了五次。「正」字作為韻腳，有三次叶韻，有兩次可能不叶韻。那兩次如果把「中正」對調，使「中」成為韻腳，便與「躬」、「終」、「凶」叶韻。

通行本《周易》小象並沒有「以正中也」，只有「位正中也」，全都見於「九五」，「中」字都叶韻。「位正中也」指九五陽爻居陽位，又是上卦的中爻，可謂「既正且中」，也即「既中且正」。「以中正也」兩見於「九五」，兩見於「六二」。六二陰爻居陰位，又是下卦的中爻，所以和九五一樣既中且正或既正且中；只有艮卦六五象辭的「以中正也」要解作爻動成陽，因此變成既中且正。朱熹從簡，便索性以「正」字為衍文。艮六五：「艮其輔，言有序。悔亡。」朱熹云：「六五當輔之處，故其象如此，而其占悔亡也。悔，謂以陰居陽。」以陰居陽為悔，陰動成陽得正而悔亡。故小象云：「以中正也。」

至於那兩個可能不叶韻的「以中正也」為何不寫成「以正中

也」，第一個可能性是艮卦和豫卦小象原作「以正中也」叶韻，但象辭中已經有三個叶韻的「以中正也」，漢魏人不察，傳抄時把兩個「以正中也」改為「以中正也」。第二個可能性是為了行文之便，既然有三個叶韻的「以中正也」，如果另外有「以正中也」便容易令人以為兩者有別。於是為求行文一致，作象辭者便容許有兩次可能是較寬鬆的叶韻。

我們看屯卦小象，訟卦象辭和比卦象辭，可以看到一些端倪。先看屯卦小象。

屯卦小象

初九：雖磐桓，志行正〔耕部〕也。以貴下賤，大得民〔真部〕也。

六二：六二之難，乘剛〔陽部〕也。十年乃字，反常〔陽部〕也。

六三：即鹿无虞，以從禽〔侵部〕也。君子舍之，往吝窮〔冬部〕也。

六四：求而往，明〔陽部〕也。

九五：屯其膏，施未光〔陽部〕也。

上六：泣血漣如，何可長〔陽部〕也。

屯卦初、二、三爻象辭句中自叶，四、五、上爻象辭同韻部。我們可以看到初爻象辭「耕」、「真」通叶，三爻象辭「侵」、「冬」通叶。前者是我們要留意的。

訟卦象辭

訟，上剛下險，險而健，訟。訟有孚，窒惕中吉，剛來而得中〔冬部〕也。終凶，訟不可成〔耕部〕也。利見大人，尚中正〔耕部〕也。不利涉大川，入于淵〔真部〕也。

訟卦象辭是「冬」、「耕」、「真」通叶。

比卦象辭

比吉也，比輔也，下順從〔東部〕也。原筮元永貞无咎，以剛中〔冬部〕也。不寧方來，上下應〔蒸部〕也。後夫凶，其道窮〔冬部〕也。

比象是「東」、「冬」、「蒸」通叶。

由此觀之，〈彖傳〉和〈象傳〉的作者為免以辭害意，有時會選用較寬鬆的叶韻方式。如果「耕」、「真」、「蒸」能與「東」、「冬」通叶，那麼豫卦六二象辭便是「東」、「耕」通叶，艮卦六五象辭便是「冬」、「耕」通叶。兩者用韻都較寬，不過勝在沒有以詞害意。

■ 注 ■

《三國志‧魏書‧三少帝紀》：「帝〔高貴鄉公曹髦〕又問曰：『孔子作〈彖〉、〈象〉，鄭玄作注，雖聖賢不同，其所釋經義一也。今〈彖〉、〈象〉不與經文相連，而注連之，何也？』俊〔《易》博士淳于俊〕對曰：『鄭玄合〈彖〉、〈象〉于經者，欲使學者尋省易了也。』」鄭玄合〈彖〉、〈象〉於經，如何相連，則無談及。大抵置經文之後，如今之乾卦焉。

唐孔穎達「坤初六象」〈正義〉：「夫子所作象辭元在六爻經辭之後，以自卑退，不敢干亂先聖正經之辭。及王輔嗣之意，以為〈象〉者本釋經文，宜相附近，其義易了，故分爻之象辭，各附其當爻下言之，猶如元凱〔西晉杜預〕注《左傳》，分經之年，與傳相附。」通行本除乾卦外皆如此。今除乾卦外，象辭與大象都附卦辭之下，想亦王弼所為。

孔君〈說卦〉篇首〈正義〉：「先儒以孔子十翼之次，〈乾坤文言〉在二〈繫〉之后，〈說卦〉之前。以〈彖〉、〈象〉附上下二經，為六卷；則〈上繫〉第七，〈下繫〉第八，〈文言〉第九，〈說卦〉第十。輔嗣以〈文言〉分附乾坤二卦，故〈說卦〉為第九。」乃知王弼分〈文言〉為兩篇，為乾坤兩卦殿後。

唐李鼎祚《周易集解》則自屯卦起增置〈序卦〉之文於卦首，以明次卦之意。〈序卦〉全文仍置〈說卦〉之後、〈雜卦〉之前，未嘗改易。

第二部

第一章：《周易》的主要思想

《周易》的主要思想離不開天時（時）、地利（位）和人和（應），而這三個概念是關係密切、互為因果的。這些思想主要通過《易》傳的〈彖〉、〈象〉表現出來。

時

得時而善用其時，才會有所成。時不我與，便難以成事，那就只好等候時機。時機來臨而不能善用，便會徒勞無功。審度時勢，順時而行，要靠個人的觀察和應變能力。以下就「時」這概念舉例說明一下。

(01) 坎 ䷜

習坎，有孚，維心亨，行有尚。彖曰：習坎，重險也。水流而不盈，行險而不失其信。維心亨，乃以剛中也。行有尚，往有功也。天險不可升也，地險山川丘陵也。王公設險以守其國，險之時用大矣哉。

此言險之為用。天不可登，故對人來說，天是險要不可侵犯的。對天來說，不可侵犯，便能保其尊嚴和安全，所以天是善於用險的。地有山川丘陵，都是險要的地方，所載之物往往因高山深川

而得保其全，所以地也是善於用險的。王公效法天地，於是設高城深池等險要工事以守衛其國，保其子民。在適當時候用險，反能化險為夷。所以險的「時用」便非常大。「國」，《周易集解》作「邦」。

(02) 艮 ䷳

艮其背，不獲其身；行其庭，不見其人。无咎。彖曰：艮，止也。時止則止，時行則行。動靜不失其時，其道光明。艮其止，止其所也；上下敵應，不相與也。是以不獲其身、行其庭不見其人、无咎也。

「時止」幾句簡潔地說明，遇到應該停止的時候，便要停止，不然便會招致失敗；相反地，遇到應該行動的時候，便要行動，否則便會錯失時機。「行」生於「止」，若動和靜都不失時之所宜，「止」的道理便得以充分發揮。這主要勸諭我們順應時勢，把握時機，從而取得遠大的成就。

能善用「時」，便先要具備分辨「時止」和「時行」的能力，這就要有「君子」、「聖人」的睿智，才能做得到。若不是心平氣和，頭腦冷靜，便難有睿智。我們的行動一定要和「時」配合，才會成功。

(03) 豐 ䷶

豐亨，王假之，勿憂，宜日中。彖曰：豐，大也，明以動，故豐。王假之，尚大也。勿憂宜日中，宜照天下

也。日中則昃，月盈則食。天地盈虛，與時消息。而況
於人乎，況於鬼神乎？

天地一盈一虛，都跟隨自然規律，到了適當的時候，大自然
的力量便會消退或增長。這規律，天地也要跟隨，何況人和鬼神
呢？人法天地，便要明白每一種事物都不能長久維持現狀，並且
要善用盈虛之時而行事。

位

如果地位不高，資格未夠，縱使時機在握，成就也未必遠大；
不過卻可以乘時而上，然後等待下一個時機，再謀求較高和較有
利的位置。至於身處險難之境，更不應輕舉妄動，而要步步為營。
以下就「位」這概念舉例說明一下。

(01) 需 ䷄ 上六

入于穴，有不速之客三人來，敬之終吉。象曰：不速之
客來，敬之終吉，雖不當位，未大失也。

需卦上爻（即第六爻）以陰爻在卦終，是極險之象。外卦坎，
陷也，為坎窞，上爻在坎卦盡頭，象徵洞穴深處，故曰「入于穴」。
幸而上六陰爻與九三陽爻陰陽相應（上與三應，五與二應，四與
初應。陰與陰、陽與陽則不相應，是為「敵應」），九三在內卦乾
卦之終，陽爻居陽位，非常剛健，不待上六相招（「速」即「徵」、

「召」），便立刻與初九、九二加以營救。下乾為君為父，上坎為中男，故要「敬之」。三為下卦之終，上為全卦之終，故稱「終」。入於洞穴而有三人來營救，只要對他們表示敬重之意（一說，「敬之」即「敬而往」），最終定會逢凶化吉。九五當位，上失五位，故不當位，但因為有「人和」（應），雖身在險境而終於得救，所以小象說，上六雖然不當位，也不至於有大損失。

(02) 大壯 ䷡ 六五

喪羊于易，无悔。象曰：喪羊于易，位不當也。

爻辭從殷先祖亥的故事變化而成。三、四、五爻互兌，兌為羊，故以羊取象。六五動而成陽，三、四、五爻成乾，乾成而羊失。乾為君，故以有易之國名之。旅上九爻辭是「喪牛于易」，也在演述殷先祖亥的故事。「喪牛」是凶象，原因是上九是旅卦的盡頭，表示旅人前無去路。上九「過中」，其位不當；又與九三敵應，即無援，所以是凶象。艮上九也是卦的盡頭，但艮為止，是一個描述「靜止」的卦，上九反能做到真正的「止」，所以爻辭是「敦艮吉」。不同卦爻有不同取象，因此吉凶也變動不居。大壯六五的「喪羊」之所以無悔，正因為有「應」，所以有助力，但也不無損失，因為陰爻居陽位，是「位不當也」。所以，在沒有「地利」時，不要為小損失而有所介懷，所謂「經一事，長一智」也。

(03) 震 **☳☳** 六三

震蘇蘇，震行无眚。象曰：震蘇蘇，位不當也。

　　震是六三所處的形勢。處於這種形勢當中，六三陰爻居陽位，可說是才力不勝其位，動輒得咎，有如被震雷所驚。蘇蘇是畏懼不安之貌。三、四、五爻互坎，〈說卦〉：「坎……為加憂，為心病，為耳痛。」故謂之「蘇蘇」。幸而六二是陰爻，六三沒有像六二般「乘剛」，凶險自然較小（震六二象辭：「震來厲，乘剛也。」）。〈說卦〉：「震為足。」故曰「震行」。三、四、五爻互坎，〈說卦〉：「坎……為加憂，……其於輿也為多眚。」三動成陽而坎象不見，故曰「无眚」。六三雖終無險，但難免先有驚，究其因由，就是「位不當也」，即沒有地利。

應

　　幹大事要上下齊心，裏應外合，才會成功。《易》卦初爻與四爻應，二爻與五爻應，三爻與上爻應。兩爻一陰一陽是「應」。同陰同陽是「敵應」，同性相距，缺乏融和之力。以下就「應」這概念舉例說明一下。

(01) 師 **☷☵**

師，貞。丈人吉，无咎。象曰：師，眾也；貞，正也。能以眾正，可以王矣。剛中而應，行險而順，以此毒天

下而民從之，吉又何咎矣。

師即軍旅，行軍能持正則吉，行事乃無悔。《說文》：「貞，卜問也。」這是「貞」的本義。在「十翼」中，「貞」都解作「正」，〈乾文言〉謂「貞者事之幹也」，又云「貞固足以幹事」，並不解作「卜問」。〈繫辭下〉云：「吉凶者；貞勝者也；天地之道，貞觀者也；日月之道，貞明者也；天下之動，貞夫一者也。」觀乎文義，貞都作「正」解。[注一] 此「丈人」指能持正之領軍者。九二是師卦主爻。九二陽爻居下卦之中，故曰「剛中」；又與六五相應，表示有助力。九二是乾爻，乾體「天行」，二、三、四爻互震，震為足。內卦坎為險，主爻行於險中；外卦坤為順，行險而順應形勢，便能化險為夷，逢凶化吉。「毒」字作為動詞，後世解作苦、病、害、役、治、督。國有戰事，人民必不能安居。但是，以正義之師從事征伐，順乎天而應乎人，人民雖然受苦，也會予以支持。換言之，得到「人和」，不論多艱難的事情，也能做得成功。

(02) 小畜 ䷈

小畜，亨。密雲不雨，自我西郊。象曰：小畜，柔得位而上下應之，曰小畜。健而巽，剛中而志行，乃亨。密雲不雨，尚往也。自我西郊，施未行也。

小畜卦六四陰爻居陰位，得正，能以小蓄大。一陰能蓄五陽，表示大小之志相通。小畜上卦為巽，巽下二爻與坎相同，惟上爻不同。二、三、四爻互兌，兌上二爻與坎相同，惟下爻不同。坎

為水，水氣升而為雲，雲密而成雨。巽與兌即坎雲之不成雨者，故曰「密雲不雨」。兌主西方，故曰「自我西郊」，「我」即六四。六四柔而得位，因懷柔而得民心，又與初九陽爻和應，其餘陽爻亦隨而應之，是以六四雖柔而有陽剛之士輔助。下卦乾，有剛健之象；上卦巽，有順勢之象（〈說卦〉：「巽，入也。」）。二五位俱陽爻，剛健居中，表示意志堅定，坐言起行。其志能中，是以作事亨通。目前的形勢是密雲不雨，因為陽氣往上行而成上九，坎象未成。密雲在我西郊之上，即雨露普施之志未能實現。《周易集解》引荀爽云：「體兌位秋，故曰西郊也。時當收斂，臣不專賞，故施未行，喻文王也。」在這時機還未成熟之際，我們更要有堅定不移的意志。雖然能力有所不逮，但柔順公正而能感人，則能藉助力而幹大事。

(03) 大有 ䷍

> 大有，元亨。彖曰：大有，柔得尊位，大中而上下應之，曰大有。其德剛健而文明，應乎天而時行，是以元亨。

大有卦上火下天，六五以陰爻居尊位，統率五陽，陽為大，為一陰爻所有，故名大有。所有既大，亨通亦大。六五以柔制剛而處於領導地位，與九二相應，九二則率其他陽爻同應一陰。六五所居，既中且尊，而能禮賢下士，以柔待人，於是內外剛正之士都來輔助。大有下卦為乾，有剛健之象，上卦為離，有文明之象，是以其卦德剛健而文明。六五坤爻與九二乾爻應，象徵行

大有之道者順應天時，不以私欲強行不利於民的政策，人民得到長育，都會予以支持，行事一定大亨通。

※　　　　　　※　　　　　　　※

〈彖〉、〈象〉非常重視爻位的「中」和「正」。「中」以具體的「當中」、「中間」代表不走極端路線的「中庸」，爻位在二、五，表示從容中道，思想通達，謀事大亨。處中不一定大吉，但堅守中道，可以無悔咎。

在〈彖〉、〈象〉裏，「中」是具體的中間位置，象徵受擁戴和保護，又演化為「心態」和「行為」的「中」。「正」則以陰爻居陰位、陽爻居陽位的正配，象徵權位，又抽象地指「人」與「位」在性格上得到配合。居中而不居正，則表示有心而未必有力，未能有大作為；正而不中，則表示有力而無心。居中得正，就能如虎添翼，自我提升，化育當世。以下看象辭如何闡述「中」、「正」和「中正」。

中

(01) 履 ☰ 九二

履道坦坦，幽人貞吉。象曰：幽人貞吉，中不自亂也。

陽爻居中，象心有主見而不自亂步伐。

(02) 泰 ䷊ 六五

帝乙歸妹，以祉元吉。象曰：以祉元吉，中以行願也。

陰爻居上卦之中，象以虛心下賢，自行其善世之願。

(03) 大有 ䷍ 九二

大車以載，有攸往，无咎。象曰：大車以載，積中不敗也。

陽爻在乾卦之中，剛堅不比尋常，能多載物而不至於毀敗。「車」，《周易集解》作「輿」。《經典釋文》云：「蜀才〔在王弼後〕作『輿』。」

(04) 蠱 ䷑ 九二

幹母之蠱，不可貞。象曰：幹母之蠱，得中道也。

欲正其母所作之敝壞，當以柔順代堅貞，以感其母。母在六五，己在九二，柔外剛中而與母應，自能修復敝壞。

(05) 復 ䷗ 六五

敦復，无悔。象曰：敦復无悔，中以自考也。

六五以虛心居中位，能自我反省，故能敦品勵行，以復於善。善既復，乃無所悔咎。《周易集解》引侯果云：「坤為厚載，故曰

敦。復體柔居剛，无應失位〔陰爻居陽位〕，所以有悔。能自考省，動不失中，故曰无悔矣。」

(06) 坎 ䷜ 九二

坎有險，求小得。象曰：求小得，未出中也。

九二陽爻居中失正，然剛毅果敢，雖身處險境，尚能有小成。《周易集解》引虞翻云：「陽陷險中，故有險。據陰有實，故求小得也。」九二既不出險中，又不離中道，故云。

(07) 坎 ䷜ 九五

坎不盈，祗既平，无咎。象曰：坎不盈，中未大也。

坎為水，九五剛爻居中得正，象河水動而適中，不至於滿盈而泛濫。在險境中，尤不宜自滿而輕視形勢。

(08) 離 ䷝ 六二

黃離，元吉。象曰：黃離元吉，得中道也。

六二居中得正，下卦為地，中為土，色黃。離為文明之象。居正位而行中道，必大吉。

(09) 恆 ䷟ 九二

悔亡。象曰：九二悔亡，能久中也。

剛爻居中，象剛毅無所偏倚。恆即久，能久於中道，悔咎自消。

(10) 大壯 ䷡ 九二

貞吉。象曰：九二貞吉，以中也。

九二剛爻居中失正，能貞正自持乃吉。朱熹《周易本義》云：「以陽居陰，已不得其正矣。然所處得中，則猶可因以不失其正。故戒占者使因中以求正，然後可以得吉也。」

(11) 解 ䷧ 九二

田獲三狐，得黃矢，貞吉。象曰：九二貞吉，得中道也。

九二剛爻居中，能貞正乃吉。虞翻云：「二稱田，田，獵也，變之正〔陽爻動則成陰爻，陰爻居陰位故正〕。艮為狐〔九二變而為陰，二、三、四互艮〕，坎為弓，離為黃矢〔二、三、四互離〕。矢貫狐體，二之五〔二與五應，故往就五〕歷三爻，故田獲三狐，得黃矢。之正得中，故貞吉。」朱熹云：「此爻取象之意未詳。或曰：卦凡四陰，除六五君位，餘三陰，即三狐之象也。大抵此爻為卜田之吉占，亦為去邪媚而得中直之象。能守其正，則无不吉矣。」可見虞氏全以象釋爻辭，有時不免附會；朱子則無傷乎不知為不知也。

(12) 損 ䷨ 九二

　　利貞，征凶，弗損益之。象曰：九二利貞，中以為志也。

　　虞翻云：「失位〔陽爻居陰位失正〕當之正，故利貞。征，行也，震為征〔二、三、四互震〕，失正毀折〔兌為毀折〕，故不征，之五則凶。二之五成益〔陽掩陰，九二往六五居之，則上卦成巽，下卦成震，是為風雷益〕，小損大益，故弗損益之矣。」朱熹云：「九二剛中，志在自守，不肯妄進，故占者利貞〔利於貞正自守〕，而征則凶也。弗損益之，言不變其所守，乃所以益上也。」朱子以剛爻居二言貞，是貞有堅固義；虞氏則以剛爻居二為失正，當變而為正，是以貞為正，不及餘義。

(13) 夬 ䷪ 九二

　　惕號，莫夜有戎，勿恤。象曰：有戎勿恤，得中道也。

　　虞翻云：「惕，懼也，二失位〔陽爻居陰位失正〕故惕，變成巽故號〔爻變為陰，二、三、四互巽〕。剝坤為莫夜〔夬與剝旁通，山地剝下卦為坤，為暮夜〕。二動成離〔二動而下卦成離〕，離為戎，變而得正，故有戎。四變成坎〔四爻變而上卦成坎〕，坎為憂，坎又得正〔上卦坎三爻俱得正〕，故勿恤，謂成既濟〔二、四俱變，卦乃成既濟。然則三、五何不變耶〕，定也〔〈雜卦〉：「既濟定也。」〕。」又釋小象云：「動得正應五，故得中道。」以正釋中，附會亦甚矣。朱熹云：「莫音暮。九二當決之時，剛而居柔，又得中道，故能憂惕號呼以自戒備。而莫夜有戎，亦可无患也。」

(14) 夬 ䷪ 九五

莧陸夬夬，中行无咎。象曰：中行无咎，中未光也。

九五在上六陰柔小人之下，在夬之時，必欲與之決裂。能執中堅毅而行事，乃可無咎。在九五尊位而未能遍照，正因受上六所蔽。 ^(注二)

(15) 萃 ䷬ 六二

引吉，无咎。孚乃利用禴。象曰：引吉无咎，中未變也。

朱熹云：「二應五而雜於二陰之間，必牽引以萃，乃吉而无咎。又二中正柔順，虛中以上應；九五剛健中正，誠實而下交。故卜祭者有其孚誠，則雖薄物，亦可以祭矣。」禴，虞翻從古謂夏祭，王弼從古謂殷春祭，其時穀物未登，故其物薄。然祭祀在乎誠，中心至誠不變則吉。

(16) 困 ䷮ 九二

困于酒食，朱紱方來，利用亨祀，征凶。无咎。象曰：困于酒食，中有慶也。

下卦坎為水，二、三、四爻互離有頤象，故曰酒食。朱紱象官服，九二乾爻，乾為大赤，坎為赤，上卦兌為巫，有祭祀之象。下卦坎為險為坎窞，身在困境，縱得酒食而加官，亦不宜自肥，

唯宜堅守中道，多作享祀（爻辭「亨」即「享」），為民求福。若急於征進，乃有凶險。相機行事，乃無悔咎。九二居中，以其剛中之德而守乎中道，福在其中矣。

(17) 困 ䷮ 九五

劓刖，困于赤紱，乃徐有說，利用祭祀。象曰：劓刖，志未得也。乃徐有說，以中直也。利用祭祀，受福也。

九五身在困境，上為上六陰爻所掩，下重九四陽爻之剛，又與九二敵應而無援，遂有割鼻截足之災。兌為口近鼻，三、四、五爻互巽為股近足，兌為毀折，故云。九五乾爻，乾為大赤，兌為悅，九五剛中正直，雖有刑災，尚得保其祿位，久而有悅。兌又為巫，九五雖遭困厄災眚，因中心正直，不愧神明，宜主祭祀而獻其誠，以受福也。

(18) 鼎 ䷱ 六五

鼎黃耳金鉉，利貞。象曰：鼎黃耳，中以為實也。

六五居中，中色黃，五象鼎耳，上九實爻象鼎鉉，鉉橫貫鼎耳以扛鼎。三、四、五爻互兌，兌屬金。上九乾爻，乾為金，五變而上卦成乾，乾為金。六五虛中，變而為實，象中心謙遜，因而受益。《周易集解》引陸績云：「得中承陽，故曰中以為實。」亦通。朱熹《周易本義》則云：「五虛中以應九二之堅剛，故其象如此。而其占則利在貞固而已。或曰金鉉以上九而言，更詳之。」

是以「應」釋「中以為實」而疑得中承陽之說。虞翻則獨喜九三而以金鉉屬之。《周易集解》引虞翻注鼎象「君子以正位凝命」云：「君子謂三也。鼎五爻失正，獨三得位，故以正位凝成也。」注六五「金鉉」云：「鉉謂三，貫鼎兩耳；乾為金，故金鉉；動而得正，故利貞。」注上九「玉鉉」云：「鉉謂三，乾為玉。」鉉乃扛鼎之物，貫鼎兩耳而在鼎之上，故以上爻象之較合。虞翻泥於九三得位之義而不顧六五、上九皆言鉉之實，未免強解。

(19) 歸妹 ䷵ 六五

帝乙歸妹，其君之袂不如其娣之袂良。月幾望，吉。象曰：帝乙歸妹，不如其娣之袂良也。其位在中，以貴行也。

婦人謂嫁曰歸。六五以陰柔居君位，下應於九二，故以帝乙嫁妹象之。朱熹云：「六五柔中居尊，下應九二，尚德而不貴飾，故為帝女下嫁而服不盛之象。然女德之盛，无以加此，故又為月幾望之象，而占者如之則吉也。」帝乙之妹為小君，袂即衣袖，所以為禮容者。謂其衣袖不及從嫁諸妹之衣袖多文飾者，稱其尚德也；月幾望者，將見其終成。朱熹釋小象云：「以其有中德之貴而行，故不尚飾。」

《史記·殷本紀》：「主癸卒，子天乙立，是為成湯。」又云：「帝太丁崩，子帝乙立。帝乙立，殷益衰。帝乙長子曰微子啟，啟母賤，不得嗣。少子辛，辛母正后，辛為嗣。帝乙崩，子辛立，是為帝辛，天下謂之紂。」《後漢書·荀爽傳》：「對策陳便宜曰：『……

《易》曰：「帝乙歸妹，以祉元吉。」婦人謂嫁曰歸，言湯以娶禮歸其妹於諸侯也。』」乃以帝乙為商湯。《周易集解》引虞翻釋泰卦六五云：「帝乙，紂父。」則以帝乙為帝紂之父。

(20) 巽 ䷸ 九二

巽在牀下，用史巫紛若，吉，无咎。象曰：紛若之吉，得中也。

巽義為申命行事，有從王事之象，故初六云：「進退，利武人之貞。」謂從王事不可猶豫，須有武人之剛健果敢。九二與九五兩陽敵應，其心乃在於陰爻初六。《周易集解》引宋衷云：「巽為木，二陽在上，初陰在下，牀之象也。二无應於上，退而據初，心在於下，故曰巽在牀下也。」二、三、四爻互兌為巫。《周易集解》引荀爽云：「史以書勳，巫以告廟，紛變若順也。謂二以陽應陽，君所不臣，軍旅之象。征伐既畢，書勳告廟，當變而順五則吉，故曰『用史巫紛若，吉无咎』矣。」又引荀爽釋小象云：「謂二以處中和，故能變。」九二變而為柔，順於九五則吉。

(21) 節 ䷻ 九五

甘節，吉。往有尚。象曰：甘節之吉，居位中也。

九五是節卦主爻，節象謂「當位以節，中正以通」，指此。九五居尊位而甘於節約，以其中心通達，不務虛榮，故往必有功。九五剛中得位，幹實事必有所成。《周易集解》引虞翻云：「得正

居中，坎為美，故甘節吉。往謂二，二失正，變往應五，故往有尚也。」案「往有尚」明指九五，與九二何干？坎卦卦辭云：「習坎，有孚，維心亨，行有尚。」坎彖云：「維心亨，乃以剛中也；行有尚，往有功也。」節卦上卦為坎，九五「往有尚」即取坎卦「行有尚」之義。

（22）既濟 ䷾ 六二

婦喪其茀，勿逐，七日得。象曰：七日得，以中道也。

朱熹《周易本義》云：「二以文明中正之德，上應九五剛陽中正之君，宜得行其志。而九五居既濟之時，不能下賢以行其道，故二有婦喪其茀之象。茀，婦車之蔽〔用鄭玄說。《經典釋文》：「鄭云：『車蔽也。』」〕，言失其所以行也。然中正之道，不可終廢，時過則行矣，故又有勿逐而自得之戒。」此釋大致可取。然謂九五不能下賢，又謂時過則行，則不免強解。蓋喪茀勿逐，端賴有應，豈必待既濟之時過耶？茀，車蔽，婦乘車而失其茀，依禮不能成行。二、三、四爻互坎為盜，其於輿為多眚，於人為加憂。六二與九五應，九五居尊加護，故勿逐。六二復至六二為七數，下卦離為日。必失而復得者，六二居中得正，乃因虛中守正而見賞。茀，《周易集解》作「髴」（《經典釋文》：「子夏〔舊題子夏《易傳》〕作『髴』。」）。《集解》引王肅云：「體柔應五，履順承剛，婦人之義也。髴，首飾。坎為盜〔指上卦坎，故後云鄰於盜也〕，離為婦，喪其髴，鄰於盜也。勿逐自得，履中道也。二五相應，

故七日得也。」似謂二加五得七，斯亦怪矣。

※　　　　　※　　　　　※

「中」是二、五爻所處的位置。「中」除了代表身處某處的「中間」
外，更常指循「中道」而行。這中道只抽象地存在，它象徵不偏不
倚的行為。不偏不倚的行為來自不偏不倚的心。有不偏不倚的心，
少了因私欲而產生的心理障礙，思想自然通達，心境更覺亨通。

正

(01) 屯 ䷂ 初九

磐桓，利居貞，利建侯。象曰：雖磐桓，志行正也。以
貴下賤，大得民也。

磐桓，難進之貌。陽爻欲進，而前有坎險，故磐桓。初九陽
爻得位，故貞正。初九陽居陰下，是以貴下賤，大得民心，故有
建侯之象。

(02) 隨 ䷐ 初九

官有渝，貞吉。出門交有功。象曰：官有渝，從正吉
也。出門交有功，不失也。

震為祭主，初爻是主爻。然主爻反在六二陰爻之後，是陽隨
陰，其勢必變。渝，變也。雖變而保其貞正則吉。初九陽爻居陽

位，剛而得正，故云。二、三、四爻互艮為門闕，震動而上，象出門。初與人交往，貞正則有功矣。

(03) 臨 ䷒ 初九

咸臨，貞吉。象曰：咸臨貞吉，志行正也。

《周易集解》引虞翻云：「咸，感也。得正應四，故貞吉也。」朱熹《周易本義》云：「卦唯二陽偏臨四陰，故二爻皆有咸臨之象。初九剛而得正，故其占為貞吉。」九二爻辭：「咸臨，吉，无不利。」故朱熹謂「二陽偏臨四陰」，以「咸」為「偏」。初九剛而得正，故曰「貞吉」。

(04) 遯 ䷠ 九五

嘉遯，貞吉。象曰：嘉遯貞吉，以正志也。

「遯」同「遁」。《周易集解》引侯果云：「時否德剛，雖遯中正，嘉遯者也，故曰貞吉。遯而得正，則群小應命，所謂紐已紊之綱，正群小之志，則殷高宗當此爻矣。」朱熹《周易本義》云：「剛陽中正，下應六二，亦柔順而中正，遯之嘉美者也。占者如是，而正則吉矣。」

(05) 晉 ䷢ 初六

晉如摧如，貞吉，罔孚，裕，无咎。象曰：晉如摧如，獨行正也。裕无咎，未受命也。

摧，擠也，折也，或云退也。《周易集解》引虞翻云：「晉，進；摧，憂愁也。應在四，故晉如；失位，故摧如。動得位，故貞吉。」朱熹《周易本義》釋爻辭云：「以陰居下，應不中正，有欲進見摧之象。占者如是而能守正則吉。設不為人所信，亦當處以寬裕，則无咎也。」釋小象云：「初居下位，未有官守之命。」

虞翻謂晉卦初六失位，蓋以其陰爻居陽位，即所謂不正；動則得位，蓋陰爻動而成陽爻，陽爻居陽位得正，故得位。然王弼〈辯位〉云：「案〈象〉无初上得位失位之文，又〈繫辭〉但論三五二四同功異位，亦不及初上，何乎？唯乾上九〈文言〉云：『貴而无位。』需上六云：『雖不當位。』若以上為陰位邪，則需上六不得云不當位也；若以上為陽位邪，則乾上九不得云貴而无位也。陰陽處之，皆云非位。而初亦不說當位失位也。然則初、上者，是事之終始，无陰陽定位也。故乾初謂之潛，過五謂之无位，未有處其位而云潛、上有位而云无者也。歷觀眾卦，盡亦如之，初、上无陰陽定位，亦以明矣。」王弼所言，固甚具識見，以言上爻尤合。上位如象「過中」、「道窮」、「喜極」則不言吉，象「完成」、「否極」則不言凶，「過中」即「无位」與「不當位」，大抵都不以陰陽衡量。至於初爻象辭雖不言當位失位，但初九或謂之「正」，則不宜謂此必非指陽爻居陽位，故亦不宜以虞翻所言必不合古意。蓋初位卑微，又為事之始，能履乎正固佳；上位為事之終，則觀其成敗而已，完成則成，過中則敗，物極則反。

(06) 艮 ䷳ 初六

艮其趾，无咎，利永貞。象曰：艮其趾，未失正也。

「艮其趾」即「止其趾」。朱熹云：「以陰柔居艮初，為艮趾之象。占者如之，則无咎。而又以其陰柔，故又戒其利永貞也。」《周易集解》引虞翻云：「動而得正，故未失正也。」即初六本失正，因陰爻可動而成永貞，故實未失正也。

(07) 渙 ䷺ 九五

渙汗其大號，渙，王居无咎。象曰：王居无咎，正位也。

九五居中得正，於渙散之時，王宣其德教，如汗之發揮。德教既被，王乃居其所而無咎。虞翻釋小象云：「五為王，艮〔三、四、五爻互艮，五動而上卦成艮〕為居，正位居五，四陰〔指六四陰爻〕順命，故王居无咎，正位也。」

中正

(01) 晉 ䷢ 六二

晉如愁如，貞吉。受茲介福，于其王母。象曰：受茲介福，以中正也。

六二陰爻居陰位，既中且正。虛中而守正，故能受福。

(02) 姤 ䷫ 九五

以杞包瓜，含章，有隕自天。象曰：九五含章，中正
也。有隕自天，志不舍命也。

九五陽爻居陽位，剛中守正，得位而為主爻。乾為玉為金，
九五乾爻又象含章（美也）於三、四、五兌口之中，陽掩陰也。皆
因其中正，故以美事喻之。

(03) 井 ䷯ 九五

井洌寒泉食。象曰：寒泉之食，中正也。

洌，潔也。九五乾爻居中得正，乾為寒為冰，泉水既寒且潔，
汲至中正之位，可食於人矣。

(04) 艮 ䷳ 六五

艮其輔，言有序，悔亡。象曰：艮其輔，以中正也。

六五居中而失正，以陰居陽，不勝其位，故悔，動而得正故
悔亡，藉變動以得中正也。虞翻云：「輔，面頰骨上頰車者也。」
能止其輔，言而無妄，則言有序也。「序」，《周易集解》作「孚」。

(05) 未濟 ䷿ 九二

曳其輪，貞吉。象曰：九二貞吉，中以行正也。

曳，牽引也。九二非正，剛中以行正耳。《周易集解》引姚信云：「坎為曳為輪，兩陰夾陽，輪之象也。二應於五而隔於四，止而據初，故曳其輪。處中而行，故曰貞吉。」又引干寶云：「坎為輪，離為牛，牛曳輪，上以承五命。猶東蕃之諸侯共攻三監〔管叔、蔡叔、武庚〕，以康周道，故曰貞吉也。」又引虞翻釋小象云：「謂初已正，二動成震，故行正。」

正中

(01) 比 ䷇ 九五

顯比，王用三驅，失前禽。邑人不誡，吉。象曰：顯比之吉，位正中也。舍逆取順，失前禽也。邑人不誡，上使中也。

九五居中得正，剛健居尊，故群陰皆往比之，比，近也。九五在上而有德，使比之者皆不偏不倚，從容中道。朱熹云：「如天子不合圍，開一面之網，來者不拒，去者不追，故為用三驅失前禽而邑人不誡之象。」

(02) 隨 ䷐ 九五

孚于嘉，吉。象曰：孚于嘉吉，位正中也。

朱熹云：「陽剛中正，下應中正〔六二亦居中得正〕，是信于善也〔孚，信也；嘉，善美也〕。占者如是，其吉宜矣。」

(03) 巽 ䷸ 九五

貞吉，悔亡，无不利，无初有終。先庚三日，後庚三日，吉。象曰：九五之吉，位正中也。

朱熹云：「九五剛健中正而居巽體，故有悔，以有貞而吉也，故得亡其悔而无不利。有悔，是无初也；亡之，是有終也。」虞翻云：「居中得正，故吉也。」

當

陰爻居陽位、陽爻居陰位，即所謂「失正」、「不正」，〈象傳〉俱視為「不當位」、「位不當」、「未當位」、「位未當」、「未當」。反之，〈象傳〉乃視為「位當」、「當位」。九五剛爻居中得正，〈象傳〉則謂之「位正當」。萃九五小象云：「萃有位，志未光也。」這是承萃九五爻辭「萃有位」而言，故不用「當」字。旅九四小象云：「旅于處，未得位也；得其資斧，心未快也。」兩用「得」字，旨在強調旅人得資斧而未得位，故不言「未當位」。以下是〈象傳〉對「當」的闡釋。

(01) 履 ䷙ 九五

夬履，貞厲。象曰：夬履貞厲，位正當也。

九五居中得正，故曰「位正當」。朱熹云：「九五以剛中正履帝位，而下以兌說應之，凡事必行，无所疑礙，故其象為夬決其

履，雖使得正，亦危道也。故其占為雖正而危〔厲，危也〕，為戒深矣。」

(02) 否 ䷋ 六三

包羞。象曰：包羞，位不當也。

六三不中不正，不正故曰「位不當」。朱熹云：「以陰居陽而不中正，小人志於傷善而未能也，故為包羞之象。然以其未發，故无凶咎之戒。」

(03) 豫 ䷏ 六三

盱豫，悔，遲有悔。象曰：盱豫有悔，位不當也。

六三不中不正，不正故曰「位不當」。朱熹云：「盱，上視也，陰不中正而近於四，四為卦主，故六三上視於四而下溺於豫，宜有悔者也。故其象如此，而其占為事當速悔，若悔之遲，則必有悔也。」

(04) 臨 ䷒ 六三

甘臨，无攸利，既憂之，无咎。象曰：甘臨，位不當也。既憂之咎，不長也。

六三不中不正，不正故曰「位不當」。朱熹云：「陰柔不中正，而居下之上，為以甘說臨人之象。其占固无所利，然能憂而改之，

則无咎也。勉人遷善，為教深矣。」

(05) 臨 ䷒ 六四

至臨，无咎。象曰：至臨无咎，位當也。

六四雖不居中，然以陰爻居陰位得正，故曰「位當」。朱熹云：「處得其位，下應初九，相臨之至，宜无咎者也。」

(06) 噬嗑 ䷔ 六三

噬腊肉，遇毒。小吝，无咎。象曰：遇毒，位不當也。

六三不中不正，不正故曰「位不當」。朱熹云：「腊肉，謂獸腊，全體骨而為之者，堅韌之物也。陰柔不中正，治人而人不服，為噬腊遇毒之象。占雖小吝，然時當噬嗑〔當噬嗑之時，行噬嗑之事。噬嗑主治獄〕，於義為无咎也。」

(07) 噬嗑 ䷔ 六五

噬乾肉，得黃金。貞厲，无咎。象曰：貞厲无咎，得當也。

六五陰居陽，得中失正，須貞正而後得當。朱熹云：「噬乾肉，難於膚〔六二噬膚〕而易於腊胏〔六三噬腊肉，六四噬乾胏〕者也。黃，中色；金，亦謂鈞金。六五柔順而中，以居尊位。用刑於人，人无不服，故有此象。然必貞厲乃得无咎，亦戒占者之辭也。」《周禮・秋官・大司寇》云：「以兩造禁民訟，入束矢於〔原文如是〕朝，

然後聽之。以兩劑禁民獄，入鈞金，三日乃致于朝，然後聽之。」鈞金即金三十斤，涉重罪者抵押之物。噬嗑九四爻辭：「噬乾胏，得金矢。利艱貞，吉。」《周禮》取矢與金而附會之，以為古聽訟獄前，與訟者抵押之物。朱熹以鈞金釋黃金，附會亦甚矣。

(08) 大壯 ䷙ 六五

喪羊于易，无悔。象曰：喪羊于易，位不當也。

六五得中失正，失正故曰「位不當」。六五以柔爻居剛位，當此大壯之時，力必有不勝者，本當有悔。三、四、五爻互兌為羊，爻動而兌成乾，故曰「喪羊」，乃能剛中而無悔矣。「易」解見第一部第三章。

(09) 晉 ䷢ 九四

晉如鼫鼠，貞厲。象曰：鼫鼠貞厲，位不當也。

九四不中不正，不正故曰「位不當」。朱熹云：「不中不正，以竊高位，貪而畏人，蓋危道也，故為鼫鼠之象。占者如是，雖正亦危。」

(10) 睽 ䷥ 六三

見輿曳，其牛掣，其人天且劓。无初有終。象曰：見輿曳，位不當也。无初有終，遇剛也。

六三不中不正，不正故曰「位不當」。朱熹云：「六三上九正
應，而三居二陽之間，後為二所曳，前為四所掣。而當睽之時，
上九猜狠方深，故又有髠劓之傷。然邪不勝正，終必得合，故其
象占如此。」位不當故無初，遇剛故有終。《經典釋文》云：「天，
剠也。馬〔馬融〕云：『剠鑿其額曰「天」。』」

(11) 蹇 ䷦ 六四

往蹇來連。象曰：往蹇來連，當位實也。

六四處正而不中。虞翻云：「連，輦；蹇，難也。在兩坎間
〔六四在上卦坎之下，在二、三、四互卦坎之上〕，進則无應，故往
蹇；退初介三，故來連也。」王弼云：「往則无應，來則乘剛，往
來皆難，故曰往蹇來連。得位履正，當其本實，雖遇於難，非妄
所招也。」朱熹云：「連於九三，合力以濟。」各義未盡相同，而
以王輔嗣之「往來皆難」為得其旨。蓋往則坎在前，來則連於九三
而乘剛。然六四處正，故曰「當位」，上承九五，九五剛中居尊，
得其蔭則能實也。

(12) 解 ䷧ 九四

解而拇，朋至斯孚。象曰：解而拇，未當位也。

九四不中不正，不正故曰「未當位」。王弼云：「失位不正而
比於三，故三得附之，為其拇也。三為之拇，則失初之應，故解
其拇，然後朋至而信矣。」上卦震為足，六三附之而為其拇，解

之而初六乃與九四相應。初六在下卦坎之下，九四在互卦坎之中，坎卦卦辭云：「習坎，有孚。」坎象云：「行險而不失其信。」孚，信也。朱熹云：「拇，指初，初與四皆不得其位而相應，應之不以正者也。然四陽初陰，其類不同，若能解而去之，則君子之朋至而相信也。」此釋頗嫌牽強。案九四既不當位，自身難保，而六三附之，徒足為累耳。故當解去六三，而與初六相應，有應則不孤而見信也。朱熹謂「拇」指初爻，蓋因咸卦初六爻辭曰「咸其拇」之故。

（13）夬 ䷪ 九四

臀无膚，其行次且，牽羊悔亡，聞言不信。象曰：其行次且，位不當也。聞言不信，聰不明也。

九四不中不正，不正故曰「位不當」。上古「當」、「明」叶韻。王弼云：「下剛而進，非已所據，必見侵傷，失其所安，故臀无膚、其行次且也。羊者牴很〔即「狠」〕難移之物，謂五也。五為夬主，非下所侵，若牽於五，則可得悔亡而已。剛亢不能納言，自任其處，聞言不信；以斯而行，凶可知矣。」朱熹云：「以陽居陰，不中不正，居則不安，行則不進。若不與眾陽競進，而安出其後，則可以亡其悔。然當決之時，志在上進，必不能也。占者聞言而信，則轉凶而吉矣。牽羊者，當其前則不進，縱之使前而隨其後，則可以行矣。」「次且」即「趑趄」。夬下卦乾為天行，九四當身下股上，故以臀喻之。上卦兌為毀折為附決，則臀受傷而行不安也。

兌為羊，九四若能附於九五，如牽羊焉，則無悔矣。然九四不中不正，剛亢躁進，聞諫恐不信矣。而朱子謂聞言而信則轉凶而吉，即盼頑石能點頭也，此解亦妙。坎為耳，兌則坎耳下爻為陽爻所掩，故聰不明也。

(14) 萃 ䷬ 九四

大吉无咎。象曰：大吉无咎，位不當也。

九四不中不正，不正故曰「位不當」。虞翻云：「以陽居陰，故位不當。動而得正，承五應初，故大吉而无咎矣。」王弼云：「履非其位而下據三陰，得其所據，失其所處。處聚之時〔萃彖云：「萃，聚也。」〕，不正而據，故必大吉、立夫大功，然後无咎也。」朱熹云：「上比〔近也〕九五，下比眾陰，得其萃矣。然以陽居陰不正，故戒占者必大吉，然後得无咎也。」

(15) 困 ䷮ 九四

來徐徐，困于金車。吝，有終。象曰：來徐徐，志在下也。雖不當位，有與也。

九四不中不正，不正故曰「不當位」。朱熹云：「初六，九四之正應。九四處位不當，不能濟物，而初六方困於下，又為九二所隔，故其象如此。然邪不勝正，故其占雖為可吝，而必有終也。金車為九二，象未詳，疑坎有輪象也。」案九二乾爻象金，下卦坎為輪，其於輿也為多眚。「有與」指有應。

(16) 困 ䷮ 上六

困于葛藟，于臲卼。曰動悔，有悔，征吉。象曰：困于葛藟，未當也。動悔有悔，吉行也。

上六過中，故曰「未當」；乘剛，故有悔。朱熹云：「以陰柔處困極，故有困于葛藟、于臲卼〔危也〕、曰動悔之象。然物窮則變，故其占曰若能有悔，則可以征而吉矣。」

(17) 震 ䷲ 六三

震蘇蘇，震行无眚。象曰：震蘇蘇，位不當也。

六三不中不正，不正故曰「位不當」。朱熹云：「蘇蘇，緩散自失之狀。以陰居陽，當震時而居不正，是以如此。占者若因懼而能行，以去其不正，則可以无眚矣。」

(18) 歸妹 ䷵ 六三

歸妹以須，反歸以娣。象曰：歸妹以須，未當也。

六三不中不正，不正故曰「未當」。朱熹云：「六三陰柔而不中正，又為說〔兌，說也。「說」即「悅」〕之主〔即主爻〕，女之不正，人莫之取〔即「娶」〕者也，故為未得所適〔須，待也，故云未得所適〕而反歸為娣〔陪嫁者〕之象。或曰，須，女之賤者。」

(19) 豐 ䷶ 九四

豐其蔀，日中見斗，遇其夷主，吉。象曰：豐其蔀，位
不當也。日中見斗，幽不明也。遇其夷主，吉行也。

九四不中不正，不正故曰「位不當」。上古「當」、「明」、「行」
叶韻。朱熹云：「象與六二同〔六二爻辭首二句：「豐其蔀，日中見
斗。」朱熹云：「六二居豐之時，為離之主〔即離卦主爻〕，至明者也，
而上應六五之柔暗，故為豐其蔀見斗之象。蔀，障蔽也，大其障蔽，故
日中而昏也。」〕。夷，等夷也，謂初九也。其占為當豐而遇暗主，
下就同德則吉也。」朱子以初九為九四所遇之主，蓋本諸王弼注，
云：「以陽居陰，豐其蔀也；得初以發，夷主吉也。」然九四與初
九敵應，何可言吉？虞翻云：「震為主，四行之正成明夷〔即九四
變而成陰，卦成地火明夷〕，則三體震為夷主〔四爻變而成陰，三、
四、五爻互震，三乃成互卦震之主爻，於明夷卦中為第四爻之主〕，故
遇其夷主吉也。」然九四在九三之上為重剛，變而成陰則乘剛，
恐難以言吉也。李鼎祚云：「案四處上卦之下，以陽居陰，履非其
位而比〔近也〕於五，故曰遇也。夷者傷也，主者五也，謂四不期
相遇而能上行傷五則吉，故曰遇其夷主吉行也。」六五柔而居尊，
九四遇之則吉，於理最合。然以九四上行而傷其主為吉，則大悖
倫常，恐入魔道矣。《詩・召南・草蟲》：「我心則夷。」鄭〈箋〉
云：「夷，平也。」《詩・小雅・節南山》：「君子如夷。」毛〈傳〉
云：「夷，易也。」，疑「夷」作「平易」解，是形容詞。高亨云：
「《詩・瞻卬》：『靡有夷屆。』毛〈傳〉：『夷，常也。』《逸周書・武

穆篇》：『夷德之用。』孔〈注〉：『夷，常也。』渙六四云：『匪夷所思。』義同。夷主者，作客者所常寄寓之主人也。」姑錄之以備考，於義恐亦未必然，足見解人難得。

(20) 兌 ䷹ 六三

來兌，凶。象曰：來兌之凶，位不當也。

六三不中不正，不正故曰「位不當」。朱熹云：「陰柔不中正，為兌之主。上无所應，而反來就二陽以求說〔即「悅」〕，凶之道也。」六三乘剛，故不言吉。

(21) 兌 ䷹ 九五

孚于剝，有厲。象曰：孚于剝，位正當也。

九五居中得正，故曰「位正當」。朱熹云：「剝，謂陰能剝陽者也。九五陽剛中正，然當說〔即「悅」〕之時，而居尊位，密近上六，上六陰柔為說之主，處說之極，能妄說以剝陽者也。故其占但戒以信〔孚，信也〕于上六，則有危〔厲，危也〕也。」既居尊位，尤須防閑巧言令色之人也。

(22) 中孚 ䷼ 六三

得敵，或鼓或罷，或泣或歌。象曰：或鼓或罷，位不當也。

六三不中不正，不正故曰「位不當」。李鼎祚《周易集解》引

荀爽云：「三、四俱陰，故稱敵也。四得位有位〔此「位」字疑誤〕，故鼓而歌；三失位無實，故罷而泣之也。」王弼〈注〉云：「三居少陰之上〔中孚下卦兌為少女〕，四居長陰之下〔中孚上卦巽為長女〕，對而不相比，敵之謂也。以陰居陽〔指六三陰爻居陽位〕，欲進者也。欲進而閡〔止也〕敵，故或鼓也；四履正而承五，非己〔指六三〕所克，故或罷也；不勝而退〔指六三〕，懼見侵陵，故或泣也；四履乎順〔六四乃上卦巽之下爻，巽亦順也〕，不與物較，退而不見害〔指六三〕，故或歌也。不量其力，進退無恆，憊可知也。」《周易集解》引王弼此注則云：「三、四俱陰，金木異性〔兌屬金，巽屬木，此王弼所不欲言者〕，敵之謂也。以陰居陽，自彊而進，進而閡敵，故或鼓也；四履正位，非己敵所克，故或罷也；不勝而退，懼見侵陵，故或泣也；四履謙巽，不報讐敵，故或歌也。歌泣無恆，位不當也。」所引不盡不實，又妄以京氏說加其上，厚誣王輔嗣，觀此，則李鼎祚引其餘諸家注文，亦復如是耶？朱熹《周易本義》則云：「敵，謂上九，信〔卦名中孚，孚，信也〕之窮者。六三陰柔不中正，以居說〔即「悅」，下卦兌，兌，悅也〕極而與之為應，故不能自主，而其象如此。」此說恐誤，蓋上九與六三應，應則不為敵也。

(23) 中孚 ䷼ 九五

有孚攣如，无咎。象曰：有孚攣如，位正當也。

九五居中得正，故曰「位正當」。《周易集解》引虞翻云：「孚，

信也，謂二〔即第二爻〕在坎為孚〔坎卦陽爻在中，坎卦卦辭云：「習坎，有孚。」〕，巽繩艮手〔中孚上卦巽為繩直，五動成陰而上卦為艮，艮為手〕，故攣〔繫也〕二使化為邦〔二動而下卦成震，震卦卦辭云：「震驚百里，不喪匕鬯。」故有守宗廟社稷之象〕，得正應己〔二本不正，變而後得正應五，己者五自謂也〕，故无咎也。」虞氏取象，正變皆用，如此則無物不解。虞氏知九二與九五敵應，故使二動而與九五應，如此則無有不應。王弼〈注〉云：「攣如者，繫其信之辭也。處中誠以相交〔謂中孚〕之時，居尊位以為群物之主，信何可舍〔即誠信不可捨〕，故有孚攣如，乃得无咎也。」王輔嗣以居尊位者不可背信解之，而不附會應爻，可謂極明智。朱熹《本義》云：「九五剛健中正，中孚之實，而居尊位，為孚之主者也。下應九二，與之同德，故其象占如此。」以同德釋敵應，較諸虞翻，更覺牽強。

(24) 小過 ䷽ 九四

无咎。弗過遇之，往厲必戒，勿用永貞。象曰：弗過遇之，位不當也。往厲必戒，終不可長也。

九四不中不正，不正故曰「位不當」。王弼云：「雖體陽爻而不居其位，不為貴主，故得无咎也。失位在下，不能過者也。以其不能過，故得合於免咎之宜，故曰弗過遇之。夫宴安酖毒，不可懷也〔《左傳・閔公元年》：「宴安酖毒，不可懷也。」〈疏〉：「宴安自逸，若酖毒之藥，不可懷戀也。」〕，處於小過不寧之時，而以陽居

陰，不能有所為者也。以此自守，免咎可也。以斯攸往，危之道也。不交於物，物亦弗與，无援之助，故危則必戒而已，无所告救也。沈沒怯弱，自守而已。以斯而處於群小之中，未足任者也，故曰勿用永貞，言不足用之於永貞。」此即謂處不寧之時，居不貴之位，則不如守樸，欲進恐不免於咎也。朱熹云：「當過之時，以剛處柔，過乎恭矣，无咎之道也。弗過遇之，言弗過於剛而適合其宜也，往則過矣，故有厲而當戒。陽性堅剛，故又戒以勿用永貞，言當隨時之宜，不可固守也。或曰：弗過遇之，若以六二爻例，則當如此說。若依九三爻例，則『過遇』當如『過防』之義。未詳孰是，當闕以俟知者。」六二爻辭云：「過其祖，遇其妣；不及其君，遇其臣。无咎。」「過」謂「經過」，「遇」謂「遭遇」，王弼云：「過而得之謂之遇。」九三爻辭云：「弗過防之，從或戕之。凶。」王弼釋「不過防之」為「不能先過防之」，朱熹釋之為「不肯過為之備」，兩家都以此「過」為「過於」，其詞性異乎「過其祖」之「過」。朱子多聞闕疑，慎言其餘，故或之。竊以為卦名小過，其象云「小者過而亨也」，大者乃「弗過」矣。三、四陽爻俱大者，故俱云「弗過」。九三弗過，然當防之。小過卦辭云：「不宜上宜下。」上六是九三之應爻，如九三上從上六，則凶矣，故不可不防之也。九四弗過，則當遇之。初六是九四之應爻，九四失位，無所作為，然處小過之時，反而无咎。九四下應初六為有所遇，若上往則危也。上六爻辭云：「弗遇過之。」乃上六小者而過中，志亢而道窮，九三已不能與之遇，故謂「弗遇」，因已「過之」也。王弼云：「小人之過，遂至上極，過而不知限，至于亢也。過至於

〔原文如是〕兀，將何所遇？」為得其旨。

(25) 未濟 ䷿ 六三

未濟，征凶，利涉大川。象曰：未濟征凶，位不當也。

六三不中不正，不正故曰「位不當」。王弼云：「以陰之質，失位居險，不能自濟者也。以不正之身，力不能自濟而求進焉，喪其身也，故曰征凶也。二能拯難〔九二剛中而與六五應〕而己比之〔己，六三自謂；比，近也〕，棄己委二〔即六三委質於九二〕，載二而行，溺可得乎？何憂未濟？故曰利涉大川。」六三乘剛，王弼不取此義，而以九二象舟，故有此釋。竊以為六三柔爻居剛位而乘剛，乃蹇難之象。其上離為甲冑為戈兵，則六三欲征進必凶矣。下卦為坎，三、四、五爻互坎；坎為水為險，身在其中，必自勉勵，以謀脫險，故反利於涉川。朱熹云：「陰柔不中正，居未濟之時，以征則凶。然以柔乘剛，將出乎坎，有利涉之象，故其占如此。蓋行者可以水浮，而不可以陸走也。或疑『利』字上當有『不』字。」其意是「利涉大川」或當作「不利涉大川」方合。高亨《周易古經今注》則云：「濟，渡也。未濟者，渡水而未能過也。如在征伐，遇此必敗，故曰未濟征凶。既言未濟，不能又言利涉大川，疑『利』上當有『不』字。訟云：『不利涉大川。』此《易》言不利涉大川之例。」其言於理恐未盡合，蓋六三果為「不利涉大川」，則餘五爻豈或「非不利涉大川」邪？利涉大川即利於涉險，六三在互卦坎之下、下卦坎之上，身陷重險，亟須以柔巧脫險，

故利者，形勢使然也。若身在險中而不利於涉險，則死無疑矣。帛書本《周易》亦作「利涉大川」，然帛書本錯漏不少，聊資參考而已。

※　　　　　※　　　　　※

以上分析了小象的「中」、「正」等詞。其實每一爻都或居中或不居中，或得正或不得正。至於用不用「中」、「正」等詞形容該爻，則是〈象傳〉作者的選擇。例如革卦六二爻辭：「巳日乃革之，征吉，无咎。」小象：「巳日革之，行有嘉也。」革卦六二居中得正，又與九五應，這點，小象並沒有提及。小象只是把注意力放在結果上，而結果就是：其行動有美好的結果。《周易集解》引崔憬云：「得位以正，居中有應，則是湯武行善，桀紂行惡，各終其日，然後革之。故曰『巳日乃革之』，行此有嘉。」小象行文，不拘泥於一端，彼不言者，亦不礙後之解人言之。

※　　　　　※　　　　　※

至於彖辭因所重在卦，所以不會斤斤於每一爻的中正與否。不過，彖辭解卦亦特重其主爻（王弼始據彖辭言其卦以某爻為主），而主爻又往往在中、得正而有應，故亦常提及爻位。現舉例如下：

(01) 同人 ䷌

同人于野，亨，利涉大川，利君子貞。彖曰：同人，柔得位得中而應乎乾，曰同人。同人曰同人于野亨，利涉

大川，乾行也。文明以健，中正而應，君子正也。唯君子為能通天下之志。

王弼云：「二為同人之主。」彖辭「柔得位得中而應乎乾」，指主爻六二陰爻居陰位，又與九五乾爻相應。

朱熹於「同人曰」三字下云：「衍文。」

(02) 大有 ䷍

大有，元亨。彖曰：大有，柔得尊位，大中而上下應之，曰大有。其德剛健而文明，應乎天而時行，是以元亨。

王弼注六五爻辭云：「為大有之主，而不以此道，吉可得乎？」彖辭「柔得尊位，大中而上下應之」，指主爻六五陰爻居陽位而得中，陽為大，故謂「大中」，此陰爻不但與九二應，且與上下共五陽爻應，故所有大也。

(03) 歸妹 ䷵

歸妹，征凶，无攸利。彖曰：歸妹，天地之大義也。天地不交而萬物不興，歸妹，人之終始也。説〔即「悦」〕以動，所歸妹也。征凶，位不當也。无攸利，柔乘剛也。

「位不當」指六五陰爻居陽位，又以其乘九四之陽剛，故征凶而無所利。

(04) 巽 ䷸

> 巽，小亨，利有攸往，利見大人。彖曰：重巽以申命，
> 剛巽乎中正而志行，柔皆順乎剛，是以小亨，利有攸
> 往，利見大人。

《周易集解》引陸績云：「二得中，五得正，體兩巽，故曰剛巽乎中正也。」以中正分指二、五，恐非。朱熹云：「剛巽乎中正而志行，指九五；柔謂初、四。」是也。朱熹注初六爻辭云：「初以陰居下，為巽之主。」蓋巽以陰為主，初爻處下，最得巽義，故以為主爻。九五雖位乎中正，然王弼謂其「以陽居陽，損於謙巽」，故治《易》者不以之為卦主。足見作者未必然，讀者何必不然。

※　　　　　　※　　　　　　※

〈彖傳〉、〈象傳〉的中正論，都以道德為基，所以《周易》可以說是一本抑惡揚善的書，垂象而不忘勸善。觀乎《左傳》，古之筮者，都往往從正義的角度看卦爻辭，與〈彖傳〉、〈象傳〉、〈文言〉如出一轍。以下舉兩例：

《左傳‧襄公九年》：「穆姜薨於東宮。始往而筮之，遇『艮之八』。史曰：『是謂艮之隨，隨其出也，君必速出。』姜曰：『亡〔即「無」〕，是於《周易》曰：「隨，元亨利貞，无咎。」元體之長也，亨嘉之會也，利義之和也，貞事之幹也。體仁足以長人，嘉德足以合禮，利物足以和義，貞固足以幹事。然故不可誣也，是以雖隨无咎。今我婦人而與於亂，固在下位而有不仁，不可謂

元；不靖國家，不可謂亨；作而害身，不可謂利；弃位而姣，不可謂貞。有四德者，隨而無咎，我皆無之，豈隨也哉？我則取惡，能無咎乎？必死於此，弗得出矣。』」穆姜是魯襄公的祖母，與叔孫僑如私通，並欲廢其子魯成公。事敗，被幽囚於太子之宮（東宮）。成公薨，子襄公立；九年，穆姜乃薨於東宮。穆姜徙居東宮時，揲蓍而筮，得艮之隨。隨卦卦辭是：「元亨利貞，无咎。」史官見卦辭甚吉，於是認為穆姜必隨而獲釋。但穆姜認為具備「元亨利貞」四德才可以「无咎」，今己已無「元亨利貞」四德，怎會無悔咎？是必死於東宮無疑。《左傳》是否以〈乾文言〉之詞託於穆姜，現仍不得而知。但可以肯定的是，這個故事的道德觀非常明顯，也和《易》傳的整體思想相當一致。

《左傳・昭公十二年》：「南蒯之將叛也，其鄉人或知之，過之而歎，且言曰：『恤恤乎，湫乎攸乎，深思而淺謀，邇身而遠志，家臣而君圖，有人矣哉。』南蒯枚筮之，遇坤之比，曰：『黃裳元吉。』以為大吉也。示子服惠伯曰：『即欲有事，如何？』惠伯曰：『吾嘗學此矣，忠信之事則可，不然必敗。外彊內溫，忠也；和以率貞，信也。故曰「黃裳元吉」。黃，中之色也；裳，下之飾也；元，善之長也。中不忠，不得其色；下不共〔即「恭」〕，不得其飾；事不善，不得其極。外內倡和為忠，率事以信為共，供養三德〔正直、剛克、柔克〕為善，非此三者〔忠、恭、善〕弗當。且夫《易》不可以占險，將何事也？且可飾乎？中美能黃，上美為元，下美則裳，參〔即「三」〕成可筮。猶有闕也〔若三美不全〕，筮雖

吉，未也。』」南蒯是季氏費邑宰，他不滿季平子不以禮相待，於是叛魯而以費邑歸齊。南蒯有叛意時，泛卜吉凶，遇坤卦第五爻動，以為所謀之事必大吉。他的同儕子服惠伯卻認為「忠信之事則可，不然必敗」，因黃裳喻臣下，唯忠信可當此爻之義。如果其事有違忠信之道，則筮雖吉猶未可行。

《説文》：「貞，卜問也。」此乃「貞」之本義。在「十翼」中，〈文言〉以「貞」為「堅」、「固」、「直」，〈彖傳〉、〈象傳〉、〈繫辭〉則以「貞」為「正」而或含「堅」、「固」、「直」之義。

〈乾文言〉云：「貞者事之幹也。」又云：「貞固足以幹事。」其中「貞」與「固」並用，以釋卦辭「元亨利貞」之「貞」，則〈文言〉之「貞」實已含「固」義。至於坤卦之「利牝馬之貞」、「安貞吉」、「含章可貞」及「利永貞」，〈坤文言〉並無明訓。反而坤六二言「直方大，不習无不利」，〈文言〉則謂「直其正也」，即以「直」為「正」；而正直者，其志堅，其守固，故「貞固」亦可謂含「正直」之義。

〈彖傳〉以「貞」為「正」，而或含「堅」、「固」、「直」之義。如蒙卦卦辭有「利貞」，彖釋之云：「蒙以養正，聖功也。」則「貞」有「正直」之義。同人卦卦辭有「利君子貞」，彖云：「文明以健，中正而應，君子正也。」則「貞」有「堅強」、「正直」之義。无妄卦卦辭有「元亨，利貞」，彖云：「大亨以正，天之命也。」「大亨」喻「元亨」，「利貞」是「利於守正」，故「正」乃有「貞固」之義。頤卦卦辭有「頤，貞吉」，彖云：「頤貞吉，養正則吉也。」此乃指培養正直之志行。明夷卦卦辭云：「明夷，利艱貞。」彖云：「利艱貞，晦其明也。內難而能正其志，箕子以之。」能以正志應對艱險，則非堅強貞固之人不足以至此。家人卦卦辭云：「家人，利女貞。」彖云：「家人，女正位乎內，男正位乎外，男女正，天地之大義也。」必志堅者方能正其位。蹇卦卦辭有「貞吉」，彖云：「當位貞吉，以正邦也。」其志行正直，故能正邦。困卦卦辭有「貞大人吉，无咎」，彖云：「貞大人吉，以剛中也。」是因志行正直而能

剛其中心，剛即堅强也。其例尚多，不便盡舉。

　　小象句短而往往用韻，故逐字釋爻辭者甚少，然下舉各例亦足以見其以「貞」為「正」。屯初九爻辭有「磐桓，利居貞」，小象云：「雖磐桓，志行正也。」臨初九爻辭云：「咸臨，貞吉。」小象云：「咸臨貞吉，志行正也。」遯九五爻辭云：「嘉遯，貞吉。」小象云：「嘉遯貞吉，以正志也。」晉初六爻辭有「晉如摧如，貞吉」，小象云：「晉如摧如，獨行正也。」巽上九爻辭有「貞凶」，小象云：「正乎凶也。」以上俱為〈象傳〉以「貞」為「正」之例。

　　〈繫辭下〉云：「吉凶者，貞勝者也；天地之道，貞觀者也；日月之道，貞明者也；天下之動，貞夫一者也。」審其文理，「貞」字必無卜問之義，釋其義為正則合：「貞勝」即正者勝，「貞觀」即以正示天下，「貞明」即行乎正而光明，「貞夫一」即「正於道」也。《朱子語類》釋「貞勝」為「常勝」，或陰勝陽，或陽勝陰，茲不細論。然帛書《周易》則云：「吉凶者；上朕〔或謂此乃「勝」字。然遯卦六二爻辭「莫之勝説」，帛書作「莫之勝奪」，其「勝」字隸書與「朕」字隸書不同。然古「朕」義亦通「勝」〕者也；天地之道，上觀者；日月之道，上明者；天下之動，上觀天者也。」「貞」字俱作「上」，其義自截然不同。故錄之以備參考。

　　至於經文卦爻辭，治古經者每釋「貞」作「卜」，然今本經文亦有「貞」之不能訓「卜」者，如「含章可貞」(坤六三)、「利永貞」(坤用六、艮初六)、「永貞吉」(賁九三)、「艱貞无咎」(泰九三)、「利艱貞」(大畜九三、明夷)、「利艱貞吉」(噬嗑九四，帛書本無「利」字)、「苦節不可貞」(節)、「幹母之蠱，不可貞」(蠱九二)，「貞」字都難以作「卜」解。

　　治古經者探卦爻辭之源，都能以「貞」為「卜問」，以「孚」為「俘虜」，然合卦爻辭觀之，前後文理往往不通。故「貞」之訓「卜」，當更在經辭之先。

上古「貞」與「正」同音，經辭以「貞」為「正」之通假字，恐未必都有卜問之義。

▮ 注 二 ▮

《周易集解》引荀爽釋「莧陸夬夬」云：「莧謂五，陸謂三，兩爻決上，故曰夬夬也。莧者葉柔而根堅且赤，以言陰在上六也；陸亦取葉柔根堅也。去陰遠，故言陸，言差堅於莧。莧根小，陸根大。五體兌，柔居上，莧也；三體乾，剛在下根深，故謂之陸也。」荀氏以莧與陸俱植物名，又以莧指五，陸指三，而五、三俱欲決上，其言甚怪。如五為莧，上為莧葉，五如何自決於上？如三為陸，取葉柔根堅，葉究在何處？五欲決上，可也；三與上應，是助上者也，焉能決上？荀爽釋夬九三爻辭云：「三五同功，二爻俱欲決上。」是以同功為同心，不足信矣。《周易集解》引虞翻釋「中行无咎」云：「莧，説〔即「悦」〕也，莧讀『夫子莞爾而笑』之『莧』〔即「莞」〕。陸，和睦也。震為笑言〔五動而上卦成震〕，五得正位，兌為説，故莧陸夬夬。大壯震為行〔五動成陰，卦為雷天大壯〕，五在上中〔五在上卦之中〕，動而得正，故中行无咎〔夬九五本居中得正，虞氏反以九五動而失正、復動而得正解之，可謂穿鑿矣〕。舊讀言『莧陸』，字之誤也。馬君〔後漢馬融〕、荀氏皆從俗言『莧陸』，非也。」虞氏以「莞睦」釋「莧陸」，則「夬夬」難以有義。夬九三云：「君子夬夬」，謂君子決之不疑，故重言之；若釋九五為「悦睦而決之不疑」，則殊覺費解。《周易集解》引王弼釋小象云：「莧〔王弼原注作「莧陸」，引文略「陸」字，殊不應爾〕，草之柔脆者也，夬〔王弼原注

作「決」，是〕之至易，故曰夬夬也。夬之為義，以剛決柔，以君子除小人也〔王弼原注作「者也」〕。而五處尊位，最比〔近也〕小人，躬自決者也。夫以至尊而敵於至賤〔原注作「以至尊而敵至賤」，無「夫」、「於」二字〕，雖其克勝，未足多也。處中而行，足以免咎而已，未為光益也〔原注作「未足光也」。以上乃王弼注夬九五爻辭之文，因其兼及「未光」之義，故《集解》置諸小象之後〕。」則王輔嗣亦以「莧陸」為植物。陸德明《經典釋文》云：「莧，閑辯反，三家音胡練反。一本作「莧」，華板反。」「莧」、「莞」並不同讀。又云：「陸，如字。馬、鄭云：『莧陸，商陸也。』宋衷云：『莧，莧菜也；陸，商陸也。』虞云：『莧，蕢也；陸，商也。』蜀才〔《周易》有蜀才注，已佚。觀李鼎祚引文，知其注大致本於虞翻〕作『睦』，睦，親也，通也。」朱熹《周易本義》云：「莧陸，今馬齒莧，感陰氣之多者。九五當決之時，為決之主，而切近上六之陰，如莧陸然。若決而決之，而又不為過暴，合於中行則无咎矣。戒占者當如是也。」（今本《本義》釋夬九五象辭云：「程《傳》備矣。《傳》曰：『卦辭言夬夬，則於中行為无咎矣。象復盡其義云：中未光也。夫人心正意誠，乃能極中正之道，而充實光輝。五心有所比，以義之不可而決之，雖行於外，不失中正之義，可以无咎，然於中道未得為光大也。蓋人心一有所欲，則離道矣。夫子於此，示人之意深矣。』」顧炎武《日知錄》卷一云：「凡《本義》中言『程《傳》備矣』者，又添一『《傳》曰』而引其文，皆今代人所為也。」）王注及朱注俱以莧陸為一物。然《朱子五經語類》（清程川取《朱子語類》之説五經者編成）卷二十三云：「莧陸是兩物，莧者馬齒莧，陸者章陸，一名商陸，皆感陰氣多之物，藥中用商陸治水腫，其子紅。」雖有莧陸及莧與陸之分，唯以其為感陰氣之多者則一。

王弼謂莧陸乃草之柔脆者，決之至易，是則以莧陸指上六，乃九五所欲

決者;朱熹謂莧陸乃感陰氣之多者,是否因其柔而謂其所感陰氣多,則難以確知。然朱熹謂九五切近上六,如莧陸之感陰氣,則是以莧陸指九五,恐非也。九五剛健,豈能以至柔之物喻之?或以九三「君子夬夬」之「君子」是主語,故「莧陸夬夬」之「莧陸」亦當是主語。然莧陸非人,焉能決之又決?「莧陸」當是賓語,「陸」後一頓,其義便明,是見莧陸而思決決也。近世高亨離《易》傳而解經,旨在探源,往往精到。其《周易古經今注》則云:「《路史·後記》注五引孟喜曰:『莧陸,獸名。』亨按莧當作莧,形近而譌。陸者躍馳也。孟說猶未盡諦。《說文》:『莧,山羊細角者,从兔足,莧聲(當云象角頭足尾之形),讀若丸,寬字从此。』《繫傳》曰:『《本草》注:「莧羊似麢羊,角有文,俗作羱。」』《爾雅·釋獸》:『羱如羊。』郭注:『羱羊似吳羊而大角,角橢,出西方。』《易》此文乃莧羊之莧,非莧菜之莧也(此采吳澄王夫之等說)。《莊子·馬蹄》篇:『馬翹尾而陸(尾原作足,《釋文》:「足,崔本作尾,《文選》江賦李注引足作尾。」作尾是也,今據改)。』《釋文》:『陸司馬云:「跳也。」字書作䮛。』《文選》江賦李注引『陸』作『踛』。余謂陸乃躍馳之義,翹尾而陸謂翹尾而躍馳也。《易》此文之『陸』,即《莊子》之『陸』。『夬』借為『趹』,趹趹,行疾之貌。《爾雅·釋宮》:『行,道也。』中行猶言中道(說見復卦)。莧羊躍馳,趹趹然於中道,乃逞意放足之象,自可無咎,故曰:『莧陸夬夬中行,无咎。』」高亨不採〈彖〉、〈象〉以「夬」為「決去」之義,只云「夬」是卦名,以「夬夬」喻疾行。又以「莧陸夬夬中行」六字合讀,釋作羊跳躍及疾馳於中道;又以九三「君子夬夬獨行」六字合讀,釋作君子獨自疾行。比諸〈彖〉、〈象〉,自是圓鑿方枘。然因「莧陸」義晦,故於此備眾說,以作參考而已。至於帛書本隸書作「莧鞅缺ク」,亦無助於釋義。

第二章：《周易》的處世哲學

《周易‧繫辭上》：「子曰：『君子之道，或出或處，或默或語。』」其實人生在世，非出即處，非默即語；不過，在君子而言，出處默語都有法度，總以修身為先。《易》傳有系統地演繹卦爻辭，竟成為我們修身處世的寶鑑。

在《易》傳中，象言「剛中」、「順」、「巽」，象言「順以巽」，都值得我們參考。〈彖傳〉言「剛中」凡十三次，尚有「剛來而得中」、「剛得中」等句未算在內。「剛中」就是心術純正，意志堅定，能自持而不與時俯仰。這是立身的要訣。能剛中，就能明辨是非善惡，抵抗誘惑。以下可見〈彖傳〉對「剛中」的重視。

剛中

(01) 蒙 ䷃

蒙，亨。匪我求童蒙，童蒙求我。初筮告，再三瀆，瀆則不告，利貞。彖曰：蒙，山下有險，險而止，蒙。蒙亨，以亨行時中也。匪我求童蒙，童蒙求我，志應也。初筮告，以剛中也。再三瀆，瀆則不告，瀆蒙也。蒙以養正，聖功也。

朱熹《周易本義》云：「蒙，昧也。物生之初，蒙昧未明也。其卦以坎遇艮，山下有險，蒙之地也；內險外止，蒙之意也，故其名為蒙。亨以下，占辭也。九二內卦之主，以剛居中，能發人之蒙者，而與六五陰陽相應。故遇此卦者，有亨道也。我，二也。童蒙幼穉而蒙昧，謂五也。筮者明，則人當求我而其亨在人；筮者暗，則我當求人而亨在我。人求我者，當視其可否而應之；我求人者，當致其精一而扣之。而明者之養蒙，與蒙者之自養，又皆利於以正也。」又云：「九二以可亨之道，發人之蒙，而又得其時之中，謂如下文所指之事，皆以亨行而當其可也。志應者，二剛明，五柔暗，故二不求五而五求二，其志自相應也。以剛中者，以剛而中，故能告〔入聲〕而有節也。瀆，筮者二三，則問者固瀆，而告者亦瀆矣。蒙以養正，乃作聖之功，所以釋利貞之義也。」剛中貞正而有實學者，人皆仰之，可以發蒙，可以治國。其身正，則仰之者必為其所感而俱正矣。

(02) 師 ䷆

師，貞。丈人吉，无咎。彖曰：師，眾也；貞，正也。能以眾正，可以王矣。剛中而應，行險而順，以此毒天下而民從之，吉又何咎矣。

朱熹《周易本義》云：「師，兵眾也。下坎上坤，坎險坤順，坎水坤地。古者寓兵於農，伏至險於大順，藏不測於至靜之中。又卦唯九二一陽居下卦之中，為將之象，上下五陰順而從之，為眾之象。九二以剛居下而用事，六五以柔居上而任之，為人君命

將出師之象。故其卦之名曰師。丈人，長老之稱。用師之道，利於得正，而任老成之人，乃得吉而无咎，戒占者亦必如是也。」又云：「剛中，謂九二；應，謂六五應之。行險，謂行危道；順，謂順人心。此非有老成之德者不能也。毒，害也，師旅之興，不无害於天下。然以其有是才德，是以民悦而從之也。」處險行險，能剛中則志堅，又能堅眾人之志，終而排除萬難，化險為夷。

毒，《周易集解》引干寶云：「毒，荼苦也。」王弼云：「毒猶役也。」《經典釋文》云：「役也。馬〔馬融〕云：『治也。』」案「毒」與「育」上古同韻部，或是通假字，故馬融此釋，並非無據。

(03) 比 ䷇

比，吉。原筮元永貞，无咎。不寧方來，後夫凶。象曰：比，吉也；比，輔也，下順從也。原筮元永貞，无咎，以剛中也。不寧方來，上下應也。後夫凶，其道窮也。

朱熹云：「比，親輔也。九五以陽剛居上之中而得其正，上下五陰比而從之。以一人而撫萬邦、以四海而仰一人之象。故筮者得之，則當為人所親輔。然必再筮以自審，有元善、長永、正固之德，然後可以當眾之歸而无咎。其未比而有所不安者，亦將皆來歸之。若又遲而後至，則此交已固，彼來已晚，而得凶矣。若欲比人，則亦以是而反觀之耳。」處尊位而能剛中，志堅而行事磊落，有排難解紛之力，則人皆來歸，可謂真領袖矣。

朱熹注「比，吉也」云：「此三字疑衍文。」

(04) 小畜 ䷈

小畜，亨。密雲不雨，自我西郊。彖曰：小畜，柔得位而上下應之，曰小畜。健而巽，剛中而志行，乃亨。密雲不雨，尚往也。自我西郊，施未行也。

朱熹云：「內健外巽，二五皆陽，各居一卦之中而用事，有剛而能中、其志得行之象，故其占當得亨通。然畜未極而施未行，故有密雲不雨、自我西郊之象。蓋密雲陰物，西郊陰方；我者，文王自我也。文王演《易》於羑里，視岐周為西方，正小畜之時也。筮者得之，則占亦如其象云。」時未至，剛中者志堅，能審時度勢，待而不發。若時未至而動，必致失敗。

(05) 履 ䷉

履虎尾，不咥人，亨。彖曰：履，柔履剛也。說〔即「悅」〕而應乎乾，是以履虎尾，不咥人，亨。剛中正，履帝位而不疚，光明也。

王弼云：「凡彖者，言乎一卦之所以為主也。成卦之體，在六三也。履虎尾者，言其危也。三為履主，以柔履剛，履危者也。履虎尾而不見咥者，以其說而應乎乾也。乾，剛正之德者也。不以說行夫佞邪，而以說應乎乾，宜其履虎尾不見咥而亨。」又釋「剛中正」數句云：「言五之德。」王弼謂彖言乎卦主，至當注意。

朱熹云：「履，有所躡而進之義也。以兌遇乾，和説以躡剛強之後，有履虎尾而不見傷之象，故其卦為履，而占如是也。人能如是，則處危而不傷矣。」又釋「剛中正」數句云：「又以卦體明之，指九五也。」九五剛中而正，於人則剛中而居尊位，雖履乎危，能和悦以對，不以急躁自亂，則危可變而為安也。

(06) 臨 ䷒

臨，元亨，利貞，至于八月有凶。彖曰：臨，剛浸而長，説〔即「悦」〕而順，剛中而應，大亨以正，天之道也。至于八月有凶，消不久也。

朱熹云：「九二以剛居中，上應六五，故占者大亨而利於正。然至于八月當有凶也。八月，謂自復卦一陽之月至于遯卦二陰之月，陰長陽遯之時也。或曰：八月謂夏正八月，於卦為觀，亦臨之反對〔臨卦倒置即成觀卦〕也。又因占而戒之。」朱熹於「八月有凶」有二釋，其一是由地雷復算起，經地澤臨、地天泰、雷天大壯、澤天夬、乾為天、天風姤，至天山遯為止，首尾共「八個月」，而遯正在「陰長陽遯」之時。然臨卦之「八月」竟要由復卦算起而不由臨卦算起，則令人費解。且一陰生則在姤卦，陰消下卦三陽則在否卦，陰始侵上卦三陽則在觀卦，遯卦並無明顯凶義，故謂至「遯之時」而有凶，於理未合。第二釋是以「八月」為夏曆八月，即「觀之時」，是時陰爻已至上卦之下，或可謂凶。然觀之卦名、卦體、卦德及卦象都非凶，又似不合。王弼云：「八月陽衰而陰長，君子道消也，故曰有凶。」亦以「八月」為夏正八月。朱子蓋本此。

朱子以「八月」指遯卦，古亦有之。李鼎祚《周易集解》引虞翻云：「與遯旁通〔遯與臨虛實相反〕，臨消於遯，六月卦也，於周為八月〔周以十一月為歲首，故夏曆六月即周之第八個月〕。遯弒君父〔虞翻釋遯卦卦辭云：「遯以陰消陽，子弒其父，小人道長。」〕，故至於八月有凶。」案此釋大有問題。如卦辭乃文王所作，時用殷曆，未有周曆，夏曆六月即殷曆第七個月，故六、七俱有，獨無八。《集解》又引鄭玄云：「臨，大也，陽氣自此浸而長大，陽浸長矣而有四德〔元亨利貞〕，齊功於乾，盛之極也。人之情，盛則奢淫，奢淫則將亡，故戒以凶也。臨卦斗建丑而用事，殷之正月也〔殷以十二月為歲首，十二月建丑〕。當文王之時，紂為无道，故於是卦為殷家著興衰之戒，以見周改殷正之數云。臨自周二月〔周曆第二個月，即夏曆十二月〕用事，訖其七月，至八月而遯卦受之，此終而復始，王命然矣。」亦以周曆為之解說。然鄭君由殷正月算起，至遯卦時，卻不言殷之七月，而竟言周之八月，亦欠法度，附會彌甚。《集解》又引蜀才云：「此本坤卦，剛長而柔消，故大亨利正〔釋「元亨利貞」〕也。案臨十二月卦也，自建丑之月〔即夏曆十二月〕至建申之月〔即夏曆七月〕，凡歷八月〔即八個月〕，則成否〔卦名〕也。否則天地不交，萬物不通，是至于八月有凶，斯之謂也。」此釋至為平實。若以殷周曆法釋「八月」則恐難以自圓其說，附會尤甚。蜀才注多本虞翻，此釋異於虞氏《易》，自屬難得。

臨乃剛長之時，陽息二得中，剛中而有應，自能有成。又和

悦（下兌）柔順（上坤），則人皆樂與交往，可謂無往而不利矣。臨剛長則成泰，盛矣。然泰之反及旁通都為否，禍福正相倚伏。盛極必衰，人事所不免，故處盛時，尤不可不居安思危。

(07) 无妄 ☰

无妄，元亨，利貞。其匪正有眚，不利有攸往。彖曰：无妄，剛自外來而為主於內，動而健，剛中而應，大亨以正，天之命也。其匪正有眚，不利有攸往，无妄之往，何之矣？天命不祐，行矣哉？

朱熹云：「為卦自訟而變，九自二來而居於初，又為震主，動而不妄者也，故為无妄。又二體震動而乾健，九五剛中而應六二，故其占大亨而利於正。若其不正，則有眚而不利有所往也。」處元亨利貞之時，其行尤當貞正，不正則不利有所作為。然君子剛中，其志行必正，宜其有應而得亨通也。

(08) 坎 ☵

習坎，有孚，維心亨，行有尚。彖曰：習坎，重險也。水流而不盈，行險而不失其信。維心亨，乃以剛中也。行有尚，往有功也。天險不可升也，地險山川丘陵也，王公設險以守其國，險之時用大矣哉。

朱熹云：「習，重習也；坎，險陷也，其象為水。陽陷陰中，外虛而中實也。此卦上下皆坎，是為重險，中實為有孚心亨之象，

以是而行，必有功矣。故其占如此。」又云：「以剛在中，心亨之
象。如是而往，必有功也。」處險難之時，能剛中則志行高尚，
獨立不懼，心境亨通，勇往必有所成。

(09) 萃 ䷬

萃，亨，王假有廟，利見大人，亨，利貞，用大牲吉。
利有攸往。彖曰：萃，聚也。順以説〔即「悅」〕，剛中
而應，故聚也。王假有廟，致孝享也。利見大人亨，聚
以正也。用大牲吉，利有攸往，順天命也。觀其所聚，
而天地萬物之情可見矣。

朱熹云：「九五剛中而二應之，又為澤上於地、萬物萃聚之
象，故為萃。『亨』字衍文〔《周易集解》本「萃」後無「亨」字，帛書
本「卒」後亦無「亨」字〕。」能剛中而有應，故能聚人，一如王者
至宗廟，致享以聚眾志，亨通之象。然所聚不正則不亨。夫同聲
相應，同氣相求，在尊位而剛中，其志必正，其所聚必無不正矣。

(10) 升 ䷭

升，元亨，用見大人，勿恤，南征吉。彖曰：柔以時
升，巽而順，剛中而應，是以大亨。用見大人勿恤，有
慶也。南征吉，志行也。

朱熹云：「升，進而上也。卦自解來，柔上居四，內巽外順。
九二剛中而五應之，是以其占如此。南征，前進也。」《周易集解》

引虞翻云：「离，南方卦，二之五成离，故南征吉志行也。」謂九二與六五應，遂上而往五，至五則居中得正而有慶。三、四、五爻互離，故曰南征而吉。六二剛中而志堅，利於行事。古方位南在上，故上行即南行。善處世者必和順謙遜，晦明用柔。然待人過柔則近於佞，處事過柔則寡斷；外柔而內剛，方為能者，宜其進而上也。

(11) 困 ䷮

困，亨，貞，大人吉，无咎。有言不信。象曰：困，剛揜〔即「掩」〕也。險以說〔即「悅」〕，困而不失其所亨，其唯君子乎？貞大人吉，以剛中也。有言不信，尚口乃窮也。

朱熹云：「困者，窮而不能自振之義。坎剛為兌柔所揜，九二為二陰所揜，四五為上六所揜，所以為困。坎險兌說，處險而說，是身雖困而道則亨也。二五剛中，又有大人之象，占者處困能亨，則得其正矣。非大人其孰能之？故曰貞。又曰大人者，明不正之小人不能當也。有言不信，又戒以當務晦默，不可尚口，益取困窮。」《易》理扶陽抑陰，乃因陽道剛正，不剛正則不能為大人君子。處困窮之時而能剛中，以保其貞正，必亨通而吉矣。

(12) 井 ䷯

井，改邑不改井，无喪无得，往來井井。汔至，亦未繘

井，羸其瓶，凶。象曰：巽乎水而上水，井，井養而不窮也。改邑不改井，乃以剛中也。汔至亦未繘井，未有功也。羸其瓶，是以凶也。

朱熹云：「井者，穴地出水之處。以巽木入乎坎水之下，而上出其水，故為井。改邑不改井，故无喪无得。而往者來者，皆井其井也。汔，幾也；繘，綆也；羸，敗也。汲井幾至，未盡綆而敗其瓶，則凶也。其占為事仍舊无得喪，而又當敬勉，不可幾成而敗也。」又云：「剛中，以二、五而言。未有功而敗其瓶，所以凶也。」邑雖改而井不改，人賴以養；剛中而志不移，人賴以安。能剛中故能以身作則，勸民向善。

(13) 兌 ䷹

兌，亨，利貞。彖曰：兌，說也。剛中而柔外，說以利貞，是以順乎天而應乎人。說以先民，民忘其勞；說以犯難，民忘其死。說之大，民勸矣哉。

朱熹云：「兌，說〔即「悅」〕也。一陰進乎二陽之上，喜之見〔即「現」〕乎外也，其象為澤，取其說萬物，又取坎水而塞其下流之象〔以陽爻掩坎三畫卦之下爻，坎乃成兌〕。卦體剛中而柔外，剛中故說而亨，柔外故利於貞，蓋說〔即「悅」〕有亨道，而其妄說不可以不戒〔故云利貞〕，故其占如此。又柔外故為說亨，剛中故利於貞，亦一義也。」朱子之亦一義，本乎王弼。王弼云：「說而違剛則諂，剛而違說則暴，剛中而柔外，所以說以利貞也。剛中故利

貞，柔外故說亨。」案剛中則亨而能自悅，柔外則巽而能悅人；然悅人者必自貞正，方能無諂。故王弼謂柔外故悅亨，恐稍失之矣。朱子辯之而兼存其義，是仁者所為。其亦能剛中而柔外者也。

※　　　　　※　　　　　　　※

以上所引彖辭，偶言「剛中而應」。卦中的「剛中」與「應」並無因果關係；不過，在現實中，剛中總會有應。因為品行正直，意志堅定，守正不阿，雖未必為小人所樂見，卻總會獲君子所稱頌，即《論語》所謂「德不孤，必有鄰」的意思。

剛中即內剛。心中剛正，才不易被物欲腐蝕，也不易受讒言挑撥。可是，如果內外俱剛，就會剛愎自用；而且風骨稜稜，容易傷人，傷人可致被傷，所謂「金剛則折，革剛則裂」，內外俱剛並不合乎修身處世之道。所以《易》傳往往言「巽」和「順」，作為待人接物的方法。王弼言「謙巽」，又言「謙順」，「巽」即「遜」，「遜」即「順」。「遜」是「愻」的假借字，《說文》：「遜，遁也。」「愻，順也。」故孔穎達云：「巽者卑順之名。」〈說卦〉：「巽，入也。」巽為風，風無孔不入，故「巽」亦訓「入」，較坤順更為靈活。為人謙遜和順，就能順應法則而行事。「順」和「巽」合而成為兌象所言的「柔外」。如果以剛中為體，以柔外為用，就易於被人接受，獲得支持，可以逢凶化吉，履險如夷。

上引彖辭有「說而順」、「順以說」、「巽而順」，都強調態度和行為的溫順。〈象傳〉還有多處言及「順」和「巽」，茲舉數例如下。

順巽

(01) 豫 ䷏

豫，利建侯行師。彖曰：豫，剛應而志行，順以動，豫。豫順以動，故天地如之，而況建侯行師乎？天地以順動，故日月不過而四時不忒；聖人以順動，則刑罰清而民服。豫之時義大矣哉。

朱熹云：「豫，和樂也，人心和樂以應其上也。九四一陽，上下應之，其志得行。又以坤遇震，為順以動，故其卦為豫，而其占利以立君用師也。」順謂順從，天地順天道，聖人順人道，故日月寒暑依時來往，刑罰不濫施。聖人之舉措必順乎仁義。〈説卦〉云：「昔者聖人之作《易》也，將以順性命之理。是以立天之道，曰陰與陽；立地之道，曰柔與剛；立人之道，曰仁與義。」故君子之順非阿諛奉承，而是合乎仁義之順也。

(02) 觀 ䷓

觀，盥而不薦，有孚顒若。彖曰：大觀在上，順而巽，中正以觀天下。觀盥而不薦，有孚顒若，下觀而化也。觀天之神道，而四時不忒；聖人以神道設教，而天下服矣。

朱熹云：「觀者，有以示人而為人所仰也。九五居上，四陰仰之。又內順外巽，而九五以中正示天下，所以為觀。盥，將祭而潔手也；薦，奉酒食以祭也；顒然，尊敬之貌。言致其潔清而不

輕自用，則其孚信在中，而顯然可仰，戒占者當如是也。或曰：有孚顒若，謂在下之人，信而仰之也。此卦四陰長而二陽消，正為八月之卦，而名卦繫辭，更取他義，亦扶陽抑陰之意。」觀卦下坤上巽，故內和順而外謙遜，然亦賴九五陽剛居中得正而能化天下，是以剛中為主，順遜為輔者也。

(03) 復 ䷗

> 復，亨，出入无疾，朋來无咎。反復其道，七日來復，利有攸往。象曰：復亨，剛反。動而以順行，是以出入无疾，朋來无咎。反復其道，七日來復，天行也。利有攸往，剛長也。復其見天地之心乎？

朱熹云：「復，陽復生於下也。剝盡則為純坤十月之卦，而陽氣已生於下矣。積之踰月，然後一陽之體始成而來復，故十有一月，其卦為復。以其陽既往而復反，故有亨道。又內震外坤，有陽動於下而以順上行之象，故其占又為己之出入既得无疾，朋類之來亦得无咎。又自五月姤卦一陰始生，至此七爻而一陽來復，乃天運之自然，故其占又為反復其道，至於七日，當得來復。又以剛德方長，故其占又為利有攸往也。反復其道，往而復來，來而復往之意。七日者，所占來復之期也。」又云：「積陰之下，一陽復生，天地生物之心幾於滅息，而至此乃復可見。在人則為靜極而動，惡極而善，本心幾息而復見之端也。」陽氣往而復返，順自然之道而上行，乃得无疾无咎。陽剛順次而長，非有殺伐之意，亦剛而帶柔之象。

晉，康侯用錫馬蕃庶，晝日三接。彖曰：晉，進也。明
出地上，順而麗乎大明。柔進而上行，是以康侯用錫馬
蕃庶，晝日三接也。

朱熹云：「晉，進也。康侯，安國之侯也，錫馬蕃庶，晝日
三接，言多受大賜而顯被親禮也〔此不盡然，詳見本書第一部第三
章〕。蓋其為卦上離下坤，有日出地上之象，順而麗乎大明之德。
又其變自觀而來，為六四之柔進而上行，以至於五。占者有是三
者，則亦當有是寵也。」欲進而成教化之功，則不妨以和順示人。
順乎規矩而上，終而明照，則讒者無可如何矣。

（05）明夷 ䷣

明夷，利艱貞。彖曰：明入地中，明夷。內文明而外柔
順，以蒙大難，文王以之。利艱貞，晦其明也。內難而
能正其志，箕子以之。

朱熹云：「夷，傷也。為卦下離上坤，日入地中，明而見傷之
象，故為明夷。又其上六為暗之主，六五近之，故占者利於艱難以
守正，而自晦其明也。」又云：「蒙大難，謂遭紂之亂而見囚也。」
又云：「內難，謂為紂近親，在其國內，如六五之近於上六也。」在
明而受傷之時，縱有救世扶傾之志，亦當自晦其明，以柔順示人，
則寡尤。待危化為安，方宜有所作為。此亦處世而不可不知者。

(06) 漸 ䷴

漸，女歸吉，利貞。象曰：漸之進也，女歸吉也。進得
位，往有功也。進以正，可以正邦也。其位，剛得中
也。止而巽，動不窮也。

朱熹云：「漸，漸進也，為卦止於下而巽於上，為不遽進之
義，有女歸之象焉。又自二至五，位皆得正，故其占為女歸吉，
而又戒以利貞也。」九五剛而得中，始於漸進。漸而不躁，故進
而能止，剛而能遜；進以正而守其正，則可以正邦矣。

「漸之進也」句，朱熹云：「『之』字疑衍，或是『漸』字。」

※ ※ ※

〈象傳〉推許順與巽，大抵因為以順與遜待人，可以化解矛盾，
獲取信任，化敵為友。能夠這樣做，個人的抱負便更易於施展。

小象有「順以巽也」一詞，出現過三次，列舉如下：

(01) 蒙 ䷃ 六五

童蒙，吉。象曰：童蒙之吉，順以巽也。

朱熹云：「柔中居尊，下應九二，純一未發，以聽於人。故其
象為童蒙，而其占為如是則吉也。」朱熹無釋「順以巽也」句，唯
不順以遜者必不聽於人也。王弼云：「委物以能〔委於能者〕，不
先〔不為人先〕不為〔不自作為〕，順以巽也。」是使人為之而已

不為，似未全得順遜之義。

(02) 家人 ䷤ 六二

无攸遂，在中饋，貞吉。象曰：六二之吉，順以巽也。

王弼云：「居內處中，履得其位，以陰應陽，盡婦人之正義，無所必遂，職乎中饋，巽順而已，是以貞吉也。」朱熹云：「六二柔順中正，女之正位乎內者也，故其象占如此。」六二坤爻，故曰順。柔順中正者，以謙遜自守，而順乎剛健中正者，志同有應，其吉何如。

(03) 漸 ䷴ 六四

鴻漸于木，或得其桷，无咎。象曰：或得其桷，順以巽也。

朱熹云：「鴻不木棲。桷，平柯也，或得平柯，則可以安矣。六四乘剛而順巽，故其象如此。占者如之，則无咎也。」以柔乘九三之剛是險象，以柔近九五之剛乃无咎，以其順以巽，能感動九五而得其助也。

※   ※   ※

至於單用「順」、「巽」而言吉者就更多，茲舉數例如下：

(01) 需 ䷄ 六四

需于血，出自穴。象曰：需于血，順以聽也。

朱熹云：「血者，殺傷之地；穴者，險陷之所。四爻坎體，入乎險矣，故為需〔待也〕于血之象。然柔得其正，需而不進，故又為出自穴之象。占者如是，則雖在傷地而終得出也。」六四柔得其正，坎為耳，故順以聽也。能聽忠言則利於脫險。

(02) 頤 ䷚ 六五

拂經，居貞吉，不可涉大川。象曰：居貞之吉，順以從上也。

朱熹云：「六五陰柔不正，居尊位而不能養人，反賴上九之養，故其象占如此。」朱熹釋「六二：顛頤，拂經」云：「求養於初〔初爻〕，則顛倒而違於常理。」拂，違也；經，常也。朱熹釋六五，或失之苛。王弼云：「以陰居陽，拂頤之義也。行則失類，故宜居貞也，无應於下而比於上，故可守貞從上，得頤之吉。雖得居貞之吉，處頤違謙，難未可涉也。」柔遇剛而從之，因在失常之際而得養，不至道窮而失其貞正，亦處世從權之良法。

(03) 咸 ䷞ 六二

咸其腓，凶，居吉。象曰：雖凶居吉，順不害也。

朱熹云：「腓，足肚也，欲行則先自動，躁妄而不能固守者也。二當其處，又以陰柔不能固守，故取其象。然有中正之德，能居其所，故其占動凶而靜吉也。」王弼釋小象云：「陰而為居，順之道也。不躁而居，順不害也。」六二坤爻居中得正，當法坤之至靜而德方，故居而守正則吉，雖為九五所感，亦不宜失其性而妄動以

就之也。上卦兌為悅，六二有和順之德則人悅之，宜其不致害也。

(04) 明夷 ䷣ 六二

明夷，夷于左股，用拯馬壯，吉。象曰：六二之吉，順以則也。

王弼釋爻辭云：「夷于左股，示行不能壯也。以柔居中，用夷其明，進不殊類，退不近難，不見疑憚，順以則也，故可用拯馬而壯吉也。不垂其翼〔初九：「明夷于飛，垂其翼。」〕，然後乃免也。」釋小象云：「順之以則，故不見疑。」朱熹云：「傷而未切，救之速則免矣，故其象占如此。」在明而受傷之時，六二以柔居中得正，能和順而不逾矩，乃不至於見疑而受害，是以其傷也輕，尚能控馬之壯者。時不利而能和順貞正，乃可免於害。

(05) 家人 ䷤ 六四

富家，大吉。象曰：富家大吉，順在位也。

王弼云：「能以其富，順而處位，故大吉也。若但能富其家，何足為大吉？體柔居巽，履得其位，明於家道以近至尊，能富其家也。」朱熹云：「陽主義，陰主利，以陰居陰而在上位，能富其家者也。」似未及王弼周備。六四在巽之初，柔順得正而近九五，乃得九五扶持，循正道而致富，故大吉也。

(06) 萃 ䷬ 六三

萃如嗟如，无攸利。往无咎，小吝。象曰：往无咎，上
巽也。

王弼云：「履非其位以比〔近也〕於四，四亦失位，不正相聚
〔萃彖：「萃，聚也。」〕。相聚不正，患所生也。千人之應，害所
起也。故萃如嗟如无攸利也。上六亦无應而獨立，處極而憂危，
思援而求朋，巽以待物者也。〔六三〕與其萃於不正，不若之〔往
也〕於同志，故可以往而无咎也。二陰相合，猶不若一陰一陽之
應，故有小吝也。」

朱熹云：「六三陰柔不中不正，上无應與，欲求萃於近而不
得，故嗟如而无所利。唯往從於上，可以无咎。然不得其萃，困
然後往，復得陰極無位之爻〔以上六為無位，深得王弼〈辯位〉一文
之旨〕，亦可小羞矣。戒占者當近捨不正之強援，而遠結正應之
窮爻，則无咎也。」

王弼與朱熹俱謂六三往應上六，其志同而无咎，然上六道
窮，故又小吝。似未若《周易集解》所引虞翻之言為切當。虞翻
云：「坤為萃，故萃如；巽為號，故嗟如。失正故无攸利，動得位
故往无咎，小吝謂往之四。」又云：「動之四，故上巽。」蓋六三
與上六敵應，無就之之理。九四大吉无咎，以其上承九五而下控
三陰。三、四、五爻互巽，三爻為巽主，遜而上行，故曰上巽。
然九四亦位不當，須承九五方大吉也。於眾聚而亂生之時，遜而

上附強者以自保，雖小吝，可以無咎。

※　　　　　　　　※　　　　　　　　　　　※

在《易》傳中，內剛外柔是理想組合。

泰彖云：「泰，小往大來，吉亨，則是天地交而萬物通也，上下交而其志同也。內陽而外陰，內健而外順，內君子而外小人，君子道長，小人道消也。」在泰卦中，陽氣由地雷復、地澤臨至地天泰，剛好升了一半，也表示陰氣給逼走了一半。陰為小，退處外卦，故云小往；陽為大，進處內卦，故云大來。即陽剛之氣漸見充盛，陰柔之氣漸見消退，故云君子道長，小人道消。但同時，彖辭也從融合的角度對泰卦加以描述，故云天地交而萬物通，上下交而其志同，這就不從排斥方面看，而是從陰氣下墜、陽氣上升、二氣相交通、陰陽調和的角度看。接下來三句，分別描述三個現象：內陽而外陰既指陽剛居內，陰柔居外而扮演輔助的角色，又指陽氣在內而外張，陰氣在外而消散。內健而外順則指個人的修養，即內心剛健而外表柔順。內君子而外小人則指正人君子當權，小人只能居權力核心之外。故上述三句所指的是三個不同的現象，相同的是陽剛都作主導。其中內健而外順，正道出個人修養之至善者。兌彖云：「剛中而柔外，說〔即「悅」〕以利貞，是以順乎天而應乎人。」也非常稱許內健外順這一修養成果。

「順」是和順，是因格物致知、正心誠意而產生的言行舉止。沒有知識和心性作基礎，「順」便容易變成阿諛，這並不是《周易》推許的「順」。謙彖：「謙，亨，天道下濟而光明，地道卑而上行。

天道虧盈而益謙，地道變盈而流謙；鬼神害盈而福謙，人道惡盈而好謙。謙尊而光，卑而不可踰，君子之終也。」象辭除了闡述「滿招損，謙受益」的道理外，更指出謙遜的人，處尊位而能光照萬物，處卑位而不可侮。如果不剛中，便沒有謙遜之德，只有阿諛之行。謙卦六爻非吉即利：初六吉，六二貞吉，九三吉，六四无不利，六五利用侵伐无不利，上六利用行師，正顯示《周易》古經對「謙」這美德的重視。

〈繫辭上〉：「『勞謙，君子有終，吉〔謙卦九三爻辭〕。』子曰：『勞而不伐，有功而不德，厚之至也，語以其功下人者也。德言盛，禮言恭，謙也者，致恭以存其位者也。』」孔子的意思是：能任勞而不自矜誇，立功而不自以為有盛德，乃謙厚之最。孔子說，九三爻辭所指的正是有功勞而能謙遜待人的君子。屯卦初九象辭：「以貴下〔動詞〕賤，大得民也。」益卦象辭：「自上下〔動詞〕下，其道大光。」指的是謙遜之德的實踐。其德盛，其禮恭。一個謙遜的人，因不居功而得到別人的尊重，其名位反而得以保存。

第三章：《周易》的管理哲學

《周易》也是一本談管理的書。

「管理」一詞，大抵清代才流行起來。滿清置管理事務諸官，如「管理三庫大臣」、「管理直年火藥局大臣」、「理藩院管理院務大臣」、「光祿寺管理寺事大臣」、「國子監管理監事大臣」，都屬極高職級。自此「管理」一詞便獲廣泛應用。「管理」即管轄辦理，其概念雖不算古舊，但其道理則歷史悠久，其行為更是自遠古已有。

「修身」、「齊家」、「治國」都涉及管理：管理自身、管理家庭、管理國家。在現代社會，「國」之下，「家」之外，還有很多管理的對象，例如大企業和中小企業、學校、醫院、診所、社團。說到底，就是管理「人」和「事」。現代管理科學有複雜的理論和明確的系統。其實，古老的《周易》也是一本探討管理方法的書。《易》卦三百八十四爻，每爻假設一個情況，然後明示或暗示如何處理這個情況。爻的情況是以卦所代表的情況為背景而假設的。《易》卦有六十四個初爻，這些初爻縱使陰陽相同，所代表的情況也不同，爻辭自然各異。這是因為這些初爻分別處於不同名的卦內，各有不同的背景，和其上各爻又有不同的感應，可謂變化多端。其餘各爻都應作如是觀。現在以乾卦為例，說明一下。

乾為天，故乾卦象天。天的運行沒有休止，所以作為與「天」合一的「人」便要努力不懈。乾卦六爻皆陽，提供了一個陽氣極盛、充滿活力的環境，引導我們不斷奮鬥。其中五爻的爻辭更以至陽之精──龍做比喻。初爻：「潛龍勿用。」龍處極下，時機未至，雖為陽精，也不宜輕舉妄動。縱有所作為，也不過浪費心力而已。在這種環境中，最宜自我充實，以俟時機。二爻：「見龍在田，利見大人。」得此筮者，猶如龍已現於田野，頗具地利，能力較容易為世所見，利於往見既有德行又有權位的人，從而得到賞識。三爻：「君子終日乾乾，夕惕若，厲，无咎。」作事謀始，日間不能不悉力以赴，晚上更要三省其身，自我警惕，既可減少犯錯的機會，也可防範小人暗中加害。雖然形勢並不安全，也不致引起悔咎。四爻：「或躍在淵，无咎。」首句意即「或躍或在淵」。努力向上的人不能不自試，成功的就得到擢升，不成功的就屈居下僚，但日後仍可再試。所以，在奮鬥過程中，成功固然好，失敗也不必介懷。五爻：「飛龍在天，利見大人。」得此筮者就如飛龍之在天，居中而得正，合時而有位，最宜與大人相見，取其人和。九五是幾經奮鬥得來的崇高位置，能居高位，就當如飛龍施雨般澤及群眾。上爻：「亢龍有悔。」在上位而不體察民情，就如龍飛過高，與群眾脫節，必招悔吝。得此筮者便須反省警惕，以免悔吝橫生。

　　從卦爻辭和「十翼」中，我們可以細味六十四卦、三百八十四爻的深義，因而體會到很多在生活上、工作環境中可能發生的事

情，也知道怎樣應對這些事情，趨吉避凶，終而達到「卜以決疑，不疑何卜」的境界。但現實生活中，這簡直談何容易。貪多務得，反而易生混淆。其實，〈象傳〉中的「大象」所言，對我們修身處世以至管理人和事已能提供莫大幫助。只要熟讀大象，我們就能了解《易》傳的管理哲學，從而付諸實行。以下我把六十四卦的象辭（大象）依次引錄，並稍作解釋，讓從事管理的讀者參考。

下引大象以明重刻本《周易本義》為底本，以清重刻宋本《周易正義》為輔本。異文只見於三處，並且只涉及假借字，都在引文內注明。

要留意的是，大象所提及的「君子」、「大人」、「上」、「后」和「先王」，都是治國安邦的人，是邦國的「管理者」，所以大象的管治哲學，同樣值得今天的管理者借鑑，把它塑造成今天的管理哲學。

大象析義

(01) 乾 ☰

> 天行健，君子以自彊〔《正義》作「強」。《說文》：「彊，弓有力也。」「強，蚚也。」〕不息。

本書第一部第三章已詳言，「天行健」或是「天行，乾」之訛。帛書《周易》「乾」作為卦名及訓「健」都作「鍵」，「乾肉」之「乾」則用原字。〈象傳〉與古經不同源，傳抄時或以「天行，鍵」為「天

行健」，沿用至今。

乾象天。天行者，日月運行而不稍懈，晝夜有時而不稍歇。君子效法乾象，乃日修其德，不稍懈怠，去其私欲，以至於真強。

(02) 坤 ䷁

地勢，坤。君子以厚德載物。

坤象地。地勢者，地形厚重而在天之下，知其順乎天又承天也。地至順極厚，乃能容物載物。君子體坤象，乃深厚其德，包容事物，廣惠群眾。

(03) 屯 ䷂

雲雷，屯。君子以經綸。

屯卦震下坎上，坎為水，震為雷，此卦象雲結雷作，時未通則不言水而言雲也。屯象云：「屯，剛柔始交而難生。」則以屯為險難。屯即迍，迍邅也。此時雲結而未舒，雷作而未雨，時局困而未解。君子乃以此迍難之象自勵，以經綸國事、勤修政教為務，以應此有為之時。

(04) 蒙 ䷃

山下出泉，蒙。君子以果行育德。

蒙卦坎下艮上，艮為山，坎為水，象山下出泉。時泉未成河，路向不定。君子以此象自勵，乃欲其行為果斷，又培育其德，其成就將更遠大。蒙象云：「蒙以養正，聖功也。」發蒙之道，以養正為先，能正則不至於誤入歧途矣。

(05) 需 ䷄

雲上於〔原文如是〕天，需。君子以飲食宴樂。

需卦乾下坎上，坎為水，乾為天，乃雲上於天之象。雲聚於天而未成雨，雨未降則旱未消而悶未解，唯待其成雨而已。需者待也。君子體此悶而未解之象，乃飲食以保其身，宴樂以舒其懷，以待時機之至。時未至而急於行事，必招挫敗。

(06) 訟 ䷅

天與水違行，訟。君子以作事謀始。

訟卦坎下乾上，乾為天，坎為水，天氣上升，水流就下，其志不同，互不溝通，故云天與水違行。如此則易生誤會，以至於爭訟。訟象云：「訟，上剛下險，險而健，訟。」人情既險惡且剛健，訟事乃作。君子體天水違行之象，乃於有所作為之始，知所籌謀，以完善其事，避免爭端。

(07) 師 ䷆

地中有水，師。君子以容民畜眾。

師卦坎下坤上，坤為地，坎為水，故云地中有水，如國內有民，軍中有士卒。君子知乎此，故能包函人民，蓄養兵眾。師，兵眾也。在上位者有容人之量，必能感動群眾。

(08) 比 ䷇

地上有水，比。先王以建萬國，親諸侯。

比卦坤下坎上，坎為水，坤為地，為地上有水之象。比，輔也，親也。水比於地，其流如網，相互溝通。先王觀此，乃建萬國以賞諸侯，並制揖讓之禮，既以親諸侯，又使諸侯相親。欲諸侯相比，亦比於王也。

(09) 小畜 ䷈

風行天上，小畜。君子以懿文德。

小畜卦乾下巽上，巽為風，乾為天，故有風行天上之象。小畜象云：「柔得位而上下應之，曰小畜。」指六四陰爻得位而摠領五陽爻，即小而能蓄大，故曰小畜。以小蓄大，未必能久，故當自勵。風行於天上，有氣機而無形質，亦蓄而不久之象。然風行雲散而天朗日麗，人皆仰視其美善。君子見此，便思終日乾乾，使其文明盛德更臻美善，則蓄而能久矣。

(10) 履 ䷉

上天下澤，履。君子以辯上下，定民志。

履卦兌下乾上，乾為天為父，兌為澤為少女，尊卑分明，是禮節所本之正理，乃君子所履行者。兌，悅也，和悅以履乾剛之後，雖危無咎。君子觀上天下澤之象，乃設禮制，明辨上下，使民安守本分，心志安定，國然後治。兌在下而悅，其心必安。

(11) 泰 ䷊

天地交，泰。后以財成天地之道，輔相天地之宜，以左右民。

泰卦乾下坤上，陽氣上升，陰氣下降，二氣相交，為通泰之象，正月之卦也。后，君也；財，裁也。人君體察天地交泰之理，乃效法天地以裁成治國之方，並輔助天地行其所宜於萬物者，以扶持及保護其民。王引之謂「財」音近「載」，「載」即「成」，猶「輔」即「相」。其說具見《經義述聞》。

(12) 否 ䷋

天地不交，否。君子以儉德辟難，不可榮以祿。

否卦坤下乾上，陰氣下降，陽氣上升，二氣不交，乃天地閉塞之象，故謂之否。否彖云：「小人道長，君子道消也。」君子逢否之時，乃守其節儉之德，避其危難，以保其有用之身。縱有厚祿，亦不能加諸其人。「榮」，《集解》作「營」。王引之云：「不可營以祿者，世莫能惑以祿也。」

(13) 同人　☰

天與火，同人。君子以類族辨〔原文如是〕物。

同人卦離下乾上，乾為天，離為火，火炎上而合於天，故有同人親和之象。同人者，與人和同也。六二柔爻居中得位，上應九五，虛心以與諸陽爻合，是與人和同之象。然與人和同而不辨賢愚，終易有悔。故君子體同人之象，必區別族類，審辨事物，使胸中自有涇渭，亦不失親和之旨。

(14) 大有　☰

火在天上，大有。君子以遏惡揚善，順天休命。

大有卦乾下離上，離為火，乾為天，火在天上則明照萬物。六五柔爻居尊位，虛心而泛應上下五陽，以小居尊而能容大，故大者為其所有。所有既大，其中必有惡者。君子體大有之象，故必明察善惡，見惡則遏抑之，見善則表揚之。其自省也，有惡念則抑之，有善念則揚之，以順承天之善命。概天命必善也。

(15) 謙　☷

地中有山，謙。君子以裒多益寡，稱物平施。

謙卦下艮上坤，坤為地，艮為山。此卦山在地中，為自抑其高之謙象。朱熹云：「謙者，有而不居之義。」君子體此卦象，於是削減有餘以補不足，稱量事物以平均施與，蓋「不患寡而患不

均」也。

(16) 豫 ䷏

雷出地奮，豫。先王以作樂崇德，殷薦之上帝，以配祖考。

豫卦下坤上震，震為雷，坤為地，象雷出地上。九四陽氣奮起，生機勃發，大氣舒和，故謂之豫。豫，和樂也。先王體此雷奮鼓動之象，乃作樂以崇揚盛德，又於祭祀中厚薦於上帝以表敬懼之意，而與祖考合其德。則民情有所寄，終歸於善，國乃大治。

王引之云：「先王用是作樂崇德，殷薦其樂於上帝，而又德配祖考也。」大祭祀必奏樂，使天神、地祇、人鬼皆至，可得而禮。然何為於祭祀中盛薦其樂而非盛薦其食則尚須斟酌。

(17) 隨 ䷐

澤中有雷，隨。君子以嚮晦入宴息。

隨卦下震上兌，兌為澤，震為雷，故曰「澤中有雷」。隨象云：「隨，剛來而下柔，動而說，隨。」震為長男屬陽，兌為少女屬陰，剛來居初成震而處兌下，震動兌悅，故云「動而說」。即陽剛樂於順從陰柔，乃和悅之象。然雷在澤中，並非奮發之時。君子知乎此，則不如向晚而歸，安樂而息，勿使形神俱勞，以待可用之日。

(18) 蠱 ䷑

山下有風，蠱。君子以振民育德。

蠱卦巽下艮上，艮為山，巽為風，故曰「山下有風」。蠱象云：「蠱，剛上而柔下，巽而止，蠱。」巽順於下，艮止於上，物靜止則蠱生，故名為蠱。風在山下，能蘇萬物。君子體此象，則思振民以起天下，育德以成教化。

(19) 臨 ䷒

澤上有地，臨。君子以教思无窮，容保民无疆。

臨卦兌下坤上，坤為地，兌為澤，故曰「澤上有地」。臨象云：「臨，剛浸而長，說而順，剛中而應。」臨卦二陽在下，陽氣漸長而上升，再升則成泰卦。兌為悅，坤為順，九二剛中而與六五應，是以剛臨柔，和悅之象。澤上有地，則水不泛濫，民賴以安。澤廣潤物，地寬載物。君子體此象，乃廣行教化，無有窮已之時；容保其民，不設賢愚之限。

(20) 觀 ䷓

風行地上，觀。先王以省方，觀民設教。

觀卦坤下巽上，巽為風，坤為地，故曰「風行地上」，有周覽之象，亦有申示命令之象，故以「觀」名此卦。觀，視也，又示也，朱熹云：「觀者，有以示人而為人所仰也。」九五以中正示天下，

四陰仰之。先王體此卦象，乃省視四方，觀察民情，以設立政教之事。朱熹云：「省方以觀民，設教以為觀。」

(21) 噬嗑 ䷔

雷電，噬嗑。先王以明罰勑法。

噬嗑卦震下離上，離為火為電，震為雷，有雷電之象。朱熹云：「『雷電』當作『電雷』。」可參考。噬嗑彖云：「頤中有物，曰噬嗑。」火雷噬嗑九四即山雷頤口中之物。口中有物，須咬斷嚼碎然後吞咽，故以「噬嗑」名此卦。雷象刑威，電象明察，故卦辭云：「噬嗑，亨，利用獄。」噬嗑便於吞咽，故亨；威而明察，乃司刑獄者所能。先王體此雷電之象，乃明定刑罰，頒佈律法。

(22) 賁 ䷕

山下有火，賁。君子以明庶政，无敢折獄。

賁卦離下艮上，艮為山，離為火，火燃於山下，明照大地而不及遠。賁彖云：「文明以止，人文也。」離為明，艮為止，文明而知所止，即自約以禮。君子體山下有火、文明以止之象，乃止於修明民政以成教化；其於刑罰則有所節約，不敢興刑獄而傷及人文。

(23) 剝 ䷖

山附於〔原文如是〕地，剝。上以厚下安宅。

剝卦坤下艮上，艮為山，坤為地，山附於地者，山上土石下瀉而著地。剝彖云：「剝，剝也，柔變剛也。不利有攸往，小人長也。順而止之，觀象也。君子尚消息盈虛，天行也。」剝卦五陰迫一陽，是陰柔欲剝蝕陽剛之象。故君子宜順應時勢，止而不妄動，以觀局勢之變化，蓋此乃小人道長、君子勿用之時也。高附於卑，即上不能制下，不能制下則不如厚下。上厚下則宅可苟安，君厚臣則國可苟安也。

(24) 復 ䷗

雷在地中，復。先王以至日閉關，商旅不行，后不省方。

復卦震下坤上，坤為地，震為雷，一陽始生，象冬至之日。是日陰氣極盛而始衰，自此晝漏漸長，故復彖云：「復，亨，剛反。」謂陽剛之氣還返也。先王乃以冬至之日閉關。是日商旅不行，王居宮中，使民以安靜之心，養此微陽之氣也。

(25) 无妄 ䷘

天下雷行，物與无妄。先王以茂對時，育萬物。

无妄卦震下乾上，乾為天，震為雷，故曰「天下雷行」。无妄彖云：「无妄，剛自外來而為主於內，動而健，剛中而應，大亨以正，天之命也。」初九為无妄主爻，下卦震一陽在二陰之下，陽氣上薄二陰，故有雷震之象。雷動天健，九五與六二居中得正而應，動健中正而應，故循乎中正之道則大亨通，作實事則吉。雷

行而震驚百里，正氣動乎乾坤，物皆以無虛妄之心應之。先王體此象，乃養德以應對天時，化育萬物。

(26) 大畜 ䷙

天在山中，大畜。君子以多識前言往行，以畜其德。

大畜卦乾下艮上，艮為山，乾為天，天在山中，為山所蓄。天為大，故其卦名「大畜」，所蓄者大也。天在山中，乃賢為己所用；如己無德，賢將何用？君子體天在山中之象，乃多識前賢之言行以蓄養其德。其德日盛，則大業可成矣。

(27) 頤 ䷚

山下有雷，頤。君子以慎言語，節飲食。

頤卦震下艮上，艮為山，震為雷，故曰「山下有雷」。震為動，艮為止，上止下動，象顎，顎又謂之頷、領、頤。言語飲食則上顎靜而下顎動。君子體此象，故謹慎其言語，以免禍從口出；調節其飲食，以免病從口入。

(28) 大過 ䷛

澤滅木，大過。君子以獨立不懼，遯世无悶。

大過卦巽下兌上，兌為澤，巽為木。大過象云：「大過，大者過也。」剛爻倍於柔爻，陽剛為大，故大者過之。頤為大離，大

過為大坎，坎有險象，故曰「澤滅木」。水本潤木，然水勢過大，反而淹浸樹木。坎於木也為堅多心，縱暫為澤所淹，亦能挺然而立。君子體此象，遇險則獨立不懼；若世亂難靖，志不得伸，則毅然遁跡，亦足自樂。

(29) 坎 ䷜

水洊至，習坎。君子以常德行，習教事。

坎卦坎下坎上，如水之再至，故謂之「習坎」，習，重也。坎象云：「習坎，重險也。水流而不盈，行險而不失其信。」坎為水為險，二、五爻剛中，象水流暢而不溢，奔流至海，雖在險境，其流有信。君子體此象，乃重習其德業而使其德恆久，必不因險而失信；又勤習教化之事，使民生於憂患。

(30) 離 ䷝

明兩作，離。大人以繼明照于四方。

離卦離下離上，離為火為日，〈說卦〉：「離也者，明也，萬物皆相見，南方之卦也。聖人南面而聽天下，嚮明而治，蓋取諸此也。」明而又明，故曰「明兩作」。大人體此象，乃勤修德業，使其德如日之明而又明，普照四方。

(31) 咸 ䷞

山上有澤，咸。君子以虛受人。

咸卦艮下兌上，兌為澤，艮為山，故曰「山上有澤」。咸象云：「咸，感也。柔上而剛下，二氣感應以相與，止而說。」兌為少女在上，艮為少男在下，陰氣下降，陽氣上升，二氣感而相從。艮為止，兌為悅，故曰「止而說」。剛能下柔，山能下澤，相悅而不他求，感之至也。君子體此象，乃存其虛心以與人交，唯其如此，方能以人之知為己知，因而多所受益。

(32) 恆 ䷟

雷風，恆。君子以立不易方。

恆卦巽下震上，震為雷，巽為風。恆象云：「恆，久也。剛上而柔下，雷風相與，巽而動，剛柔皆應，恆。」震為陽剛居上，巽為陰柔居下，此乃恆常之位。恆卦六爻皆有應，足見雷風相從，可以持久，故謂之「恆」。君子體此雷風相從而恆久之象，乃堅守其道，不稍改其志向。

(33) 遯 ䷠

天下有山，遯。君子以遠小人，不惡而嚴。

遯卦艮下乾上，乾為天，艮為山，故曰「天下有山」。天下有山，為偏遠之象，宜於隱遯。遯即遁，音義俱同。是時陰氣積聚於下，再升則成否卦。君子體此陰邪漸長之象，乃疏遠小人，不與為伍。雖無惡言厲色，自見其尊嚴，如山欲上逼於天而不能近焉。

(34) 大壯 ䷡

雷在天上，大壯。君子以非禮弗履。

大壯卦乾下震上，震為雷，乾為天，故曰「雷在天上」。四陽爻上薄二陰爻，陽為大，其勢壯。大壯彖云：「大壯，大者壯也。剛以動，故壯。大壯利貞，大者正也。正大而天地之情可見矣。」大壯之名，既顯其正，亦利於貞正。其象如雷震於天，百邪辟易。君子體此象，乃足不履非禮之地，以保其正大之志氣。

(35) 晉 ䷢

明出地上，晉。君子以自昭明德。

晉卦坤下離上，離為火為日，坤為地，故曰「明出地上」。晉彖云：「晉，進也。明出地上，順而麗乎大明。」坤，順也；離，明也，麗也，麗即「附麗」。明出地上，順勢而上，終為大明。六五柔順，附於離明之上，便得光明之助。君子體此象，乃勤自修省，使其明德更為昭顯。

(36) 明夷 ䷣

明入地中，明夷。君子以莅眾，用晦而明。

明夷卦離下坤上，坤為地，離為火為日。〈說卦〉：「離也者，明也。」此卦以明入地中為象。卦辭云：「明夷，利艱貞。」當此明而被夷之際，遇艱難而能貞正，方可謂利。彖云：「明入地中，

明夷。內文明而外柔順，以蒙大難，文王以之。利艱貞，晦其明也。內難而能正其志，箕子以之。」商紂暴虐，囚西伯姬昌於羑里，西伯體內離外坤之象，終能遇大難而無咎。箕子自晦其明，乃佯狂而為之奴，終亦免禍。時其內明雖遇險難，其志則正，是雖艱而能貞也。此卦離在坤下，坤為眾。君子體此明而受傷之象，乃在於己不利之時，自晦其明以臨民，雖用晦而其明益顯，故《禮記‧中庸》云：「故君子之道闇然而日章。」良有以也。

(37) 家人 ䷤

風自火出，家人。君子以言有物而行有恆。

家人卦離下巽上，巽為風，離為火，風在外卦，故曰「風自火出」。家人象云：「家人，女正位乎內，男正位乎外，男女正，天地之大義也。」蓋六二與九五居中得正，女主內而男主外，各得其正也。內能齊家則外可治國，然欲齊其家者必先修其身。君子體此象，故言必不虛，行必有常，方能為家人則。

(38) 睽 ䷥

上火下澤，睽。君子以同而異。

睽卦兌下離上，離為火，兌為澤，故曰「上火下澤」，睽違之象也。睽象云：「睽，火動而上，澤動而下。二女同居，其志不同行。」火炎上，水潤下，離為中女，兌為少女，同居睽卦之中，然志則乖違而行。君子體此睽象，乃和光同塵，不得於心者不求於

氣。然其志高尚，仍異乎俗流也。《論語‧子路》云：「君子和而不同。」其「和」則近乎此之「同」，其「不同」則近乎此之「異」。

(39) 蹇 ䷦

山上有水，蹇。君子以反身脩〔《正義》作「修」。《說文》：「脩，脯也。」「修，飾也。」〕德。

蹇卦艮下坎上，坎為水，艮為山，故曰「山上有水」。蹇象云：「蹇，難也，險在前也。見險而能止，知矣哉。」坎為險，艮為止，在險難之時，見險而能止，乃明智之舉。其象山上有水，山路崎嶇險峻，急湍飛瀑直下。君子體此蹇象，乃退而自省修德，以求心志亨通，庶幾不鹵莽犯難也。

(40) 解 ䷧

雷雨作，解。君子以赦過宥罪。

解卦坎下震上，震為雷，坎為水。解象云：「解，險以動，動而免乎險，解。」坎險震動，於險境中奮動而出，終免乎險。於水山蹇則險而能止，於雷水解則動免乎險，形勢異也。君子審時度勢，時止則止，時行則行，必知所行止。雷雨作則天地抑鬱之氣舒。君子觀乎此，乃赦過宥罪，以寬厚待民，解其鬱結，使民怨不生。

(41) 損 ䷨

山下有澤，損。君子以懲忿窒欲。

損卦兌下艮上，艮為山，兌為澤，故曰「山下有澤」。損象云：「損，損下益上，其道上行。」下卦乾損一陽而為兌，以益上卦坤而為艮，陽剛之道上行，雖損而益在其中。〈象傳〉取山澤為象，蓋山損其土石以益澤也。君子明乎自損之道，乃懲戒其忿怒之氣，窒塞其私欲，以謙和簡約自守。至蔚成民風，乃國家之益。

(42) 益 ䷩

風雷，益。君子以見善則遷，有過則改。

益卦震下巽上，巽為風，震為雷，故曰「風雷」。益象云：「益，損上益下，民說无疆。自上下下，其道大光。」上卦乾損一陽而為巽，以益下卦坤而為震。二、三、四爻互坤，坤為眾，故稱民。下卦震為笑言，故悅。乾爻下居初位，其教化及於眾，亟言在上位者宜益下。〈象傳〉則以風雷並作為益，蓋風傳雷響，震動之勢更有所增益。君子體此象，乃見善則往就之，有過則改之，以增益其德。

(43) 夬 ䷪

澤上於〔原文如是〕天，夬。君子以施祿及下，居德則忌。

夬卦乾下兌上，兌為澤，乾為天，故曰「澤上于天」，則澤水泛濫，竟至天上也。夬象云：「夬，決也，剛決柔也。健而說，決而和。」夬訓決裂之決，決去、除去也。夬卦一柔乘五剛，必為五剛所除。乾，健也，兌，悅也，五陽剛健仁厚，雖去除陰險小人，亦無傷乎和氣，此決之至妙者。澤水泛濫，上至於天，若不及時決其隄岸而洩之，則為害大矣。君子體此象，乃決其儲存以厚下。〈乾文言〉云：「善世而不伐。」謂行善於世而不自矜誇其功也。故君子若施祿及下而天下稱其德，則知所忌憚矣。

(44) 姤 ䷫

天下有風，姤。后以施命誥四方。

姤卦巽下乾上，乾為天，巽為風，故曰「天下有風」。卦辭云：「姤，女壯，勿用取女。」象云：「姤，遇也，柔遇剛也。勿用取女，不可與長也。」姤卦一陰爻承五陽爻，陰爻柔而上行，漸次壯大。又一女而遇五男，壯甚而損乎貞正，取之終非長久之福也。其象則天下有風，風向流轉，所遇者無孔不入。人君體此象，乃廣施政教之命，嚴告於四方。

(45) 萃 ䷬

澤上於〔原文如是〕地，萃。君子以除戎器，戒不虞。

萃卦坤下兌上，兌為澤，坤為地，故曰「澤上於地」。萃象云：「萃，聚也。順以說，剛中而應，故聚也。」坤順兌悅，故曰「順以說」。九五剛中，與六二應，故能剛柔互感，聚結其力。其象則澤在地上，水潤地則草木萃，萬物乃聚而爭。君子體此象，故修治兵器，以備難以慮度之變，是足食仍須足兵也。

(46) 升 ䷭

地中生木，升。君子以順德，積小以高大。

升卦巽下坤上，坤為地，巽為木，故曰「地中生木」。木自地出，為進升之象。升象云：「柔以時升，巽而順，剛中而應，是以大亨。」巽木因時而升，又有柔順謙遜之象，足以感人，九二剛中與六五應，有其志則亨通。君子體此進升之象，乃理順其德以培育之，日積其小，以至於高大。

(47) 困 ䷮

澤无水，困。君子以致命遂志。

困卦坎下兌上，兌為澤，坎為水。奔流在下，竭澤而入海，故澤無水，乃困窮之象。困象云：「困，剛揜也。」指陽剛之坎為陰柔之兌所掩，即君子道消，取象不同而已。然君子遇此困局，則當忘其安危，順其大志，犯險以謀恢復。蓋當大難之時，君子不可不鞠躬盡力，置生死於度外也。

(48) 井 ䷯

木上有水，井。君子以勞民勸相。

井卦巽下坎上，坎為水，巽為木。樹上有水，不成井之象，木器盛水則可。井象云：「巽乎水而上水，井。井養而不窮也。」乃以入於水而上其水為井象，比喻較貼切。君子深知不掘井則無井，不打井則無水，兩者都需人力，乃勞動其民，使毋貪逸樂，又勉勵其民互助，使其互愛。《論語‧子張》：「君子信而後勞其民；未信，則以為厲己也。」即此意。

或以「勞民」為「勞賚其民」，《經典釋文》讀「勞」為「力報反」，即以「勞」為「慰勞」。孔穎達云：「勞謂勞賚。」朱熹云：「勞民者，以君養民。」都因「井養而不窮」而為言。

(49) 革 ䷰

澤中有火，革。君子以治歷〔《正義》作「厤」。《說文》：「歷，過也。」「厤，治也。」清重刻本避高宗諱〕明時。

革卦離下兌上，兌為澤，離為火，故曰「澤中有火」。革象云：「革，水火相息。二女同居，其志不相得，曰革。」革即變革。澤亦水，水火共處而欲相生長，則不能也，故須變革其所配。兌為少女，離為中女，同處一卦之中。少女僭居上位，與中女必不相能，故其狀況亦須變革。至於澤中有火，古說謂火就燥，澤資涇，二物不相得，終宜易之。然觀象辭所言，似指澤水泛濫，淹

浸人家，故亟須改革水利也。君子體此象，乃研治曆法，以察日月星辰晴雨之變，以明四時之節氣，庶幾不失農時。

(50) 鼎 ䷱

木上有火，鼎。君子以正位凝命。

鼎卦巽下離上，離為火，巽為木為風，故曰「木上有火」。鼎象云：「鼎，象也。以木巽火，亨飪也。聖人亨以享上帝，而大亨以養聖賢。」其卦象鼎之形，以木順火，有烹飪之象。古之聖王烹飪以祭享上帝，並廣其烹飪以供養聖賢。天祐人助，必吉亨也。木上有火，乃烹飪之象。鼎必固其位而烹飪可成。君子觀此，乃守其德而正其位，以成就天命。

(51) 震 ䷲

洊雷，震。君子以恐懼脩省。

震卦震下震上，震為雷，故曰「洊雷」。卦辭云：「震亨。震來虩虩，笑言啞啞。震驚百里，不喪匕鬯。」雷震霆擊，有打通閉塞之象。雷震其來，則民恐懼；既去，則民喜樂。王公施令當如震雷而聲聞百里，使民驚懼修省；教化既行，則匕鬯不失，社稷可保。君子體洊雷之象，乃先自恐懼修省，以盛其德，有諸己而求諸民，民乃樂而從之。

匕乃出食之器，鬯乃香酒，並為祭祀宗廟所用者。《集解》引

鄭玄云：「人君於祭之禮，匕牲體、薦鬯而已，其餘不親也。升牢於俎，君匕之，臣載之。鬯，秬酒，芬芳條鬯，因名焉。」以匕為出牲體之器。王弼〈注〉云：「匕，所以載鼎實；鬯，香酒，奉宗廟之盛也。」朱熹《本義》云：「匕，所以舉鼎實；鬯，以秬黍酒和鬱金，所以灌地降神者也。」俱以匕為取食之器。然許慎《說文解字》云：「匕，相與比敘也。從反人。匕，亦所以用比取飯。一名柶。」又云：「鬯，以秬釀鬱艸，芬芳攸服。〔王引之云當作「條鬯」，從鄭玄〕，以降神也。從凵，凵，器也，中象米。匕，所以扱之。《易》曰：『不喪匕鬯。』」據《說文》，匕是取鬯酒之器。王引之從許慎，說見《經義述聞》。

(52) 艮 ䷳

兼山，艮。君子以思不出其位。

艮卦艮下艮上，艮為山，故曰「兼山」。艮彖云：「艮，止也。時止則止，時行則行，動靜不失其時，其道光明。」遇止之時則止，遇行之時則行，不論行止，都與時合。其道可為天下法，唯君子能之。艮尤重時止。君子體兼山確乎不可移之象，凡所思慮，皆不出其本位，以安分守己為要。

(53) 漸 ䷴

山上有木，漸。君子以居賢德善俗。

漸卦艮下巽上，巽為木，艮為山，故曰「山上有木」。木漸長，

山亦漸高。漸彖云：「漸之進也。」君子體漸之象，見漸之理，乃先自守其賢德，然後使民俗趨於善。守德與善俗，皆當漸進，非旬日能至也。

(54) 歸妹　䷵

澤上有雷，歸妹。君子以永終知敝。

歸妹卦兌下震上，震為雷，兌為澤，故曰「澤上有雷」。震為長男，兌為少女，震動在上，兌悅在下而隨之，是陰隨陽，有嫁女之象。歸妹彖云：「歸妹，天地之大義也。天地不交而萬物不興，歸妹，人之終始也。」天地交而萬物興，男女婚配則其類以延，故嫁女即女有所歸，既歸而孕育子女，則終而後始也。君子體此雷動澤悅、女有所歸之象，其行事必保其終；欲保其終，則須知其弊而改之。

(55) 豐　䷶

雷電皆至，豐。君子以折獄致刑。

豐卦離下震上，震為雷，離為火為電，故曰「雷電皆至」。豐彖云：「豐，大也。明以動，故豐。」離明廣照，震動致遠，故有廣大之象。至於雷電皆至，則雷震驚百里，有威嚴之象；電照耀百里，有明察之象。君子體之，乃明而斷訟，怒而致刑，既不失公正，更足以警惡懲奸，使民樂其生。

(56) 旅 ䷷

山上有火，旅。君子以明慎用刑而不留獄。

旅卦艮下離上，離為火，艮為山，山上有火，則山中人失其處所而為旅人矣。火炎山中，蔓延百里，其所至甚遠而不稍留。君子體此象，乃知聽訟量刑，其明察當如火，其慎重當如山，斷獄尤不可猶豫不決，而當英明果斷，一如火勢之不稍留。

(57) 巽 ䷸

隨風，巽。君子以申命行事。

巽卦巽下巽上，巽為風，故曰「隨風」。巽象云：「重巽以申命。」巽為風為入，風隨以風，無孔不入，象三令五申，深入民心而民從之也易。君子體此巽象，乃反覆申其命令，俟民皆知之，然後行事，使民服其教化。

(58) 兌 ䷹

麗澤，兌。君子以朋友講習。

兌卦兌下兌上，兌為澤，兩澤相附，故曰「麗澤」。《經典釋文》於「麗澤」一詞下注云：「如字。麗，連也。鄭作『離』，云：『猶併也。』」「麗，連也」者，《文選》載東漢班固〈東都賦〉有「鳳蓋棽麗，和鑾玲瓏」句，《說文》：「㒧，棽㒧也。」「棽，木枝條棽㒧兒。」是「麗」通「㒧」。鄭玄作「離」而云「猶併也」者，《說文》：

「併，並也。」則與「麗」同，依附之意。兌象云：「兌，說也。」說即悅。兩澤相依附，則兩水交流相滋。兌為和悅，又為口舌。君子體此麗澤和悅之象，乃結交友朋，相與講習，使其學日益，其德日進。

(59) 渙 ䷺

風行水上，渙。先王以享于帝，立廟。

渙卦坎下巽上，巽為風，坎為水，故曰「風行水上」。風行於水上，則漣淪四散，為渙散之象。先王體此象，乃祭享上帝以合天人，建立宗廟以聚黎庶，使民心敬天敬祖，慎終追遠，無復渙散。

(60) 節 ䷻

澤上有水，節。君子以制數度，議德行。

節卦兌下坎上，坎為水，兌為澤，故曰「澤上有水」。澤既蓄水，若再注以水而不加節約，則致泛濫，故必節之。卦辭云：「節，亨。苦節不可貞。」節卦三陽三陰，調節得宜，九二及九五陽爻在中，俱有亨通之象。然過度節約，人皆苦之，尤不宜堅持。君子體此節約之象，乃制訂禮數法度，評議道德品行，以禮教節人。

(61) 中孚 ䷼

澤上有風，中孚。君子以議獄緩死。

中孚卦兌下巽上，巽為風，兌為澤，故曰「澤上有風」。澤悅而應上，風順而應下，互信之義。孚，信也，誠信也。中心誠信，則人信之。中孚象云：「中孚，柔在內而剛得中，說而巽，孚乃化邦也。」蓋以一卦言之，六三、六四為柔在內，以上下卦言之，九二、九五為剛得中。中心誠信，虛心待人，都足以取信，並是孚象，孚則足以化俗安邦也。君子體此孚象，乃心存誠信以審議訟獄，有疑便當緩死。枉殺一人，則失信於民，豈能化邦哉。

(62) 小過 ䷽

山上有雷，小過。君子以行過乎恭，喪過乎哀，用過乎儉。

小過卦艮下震上，震為雷，艮為山，故曰「山上有雷」。雷下有山，則其聲為山所阻，能過者小，故卦辭云：「可小事，不可大事。」力未大也。小過象云：「小過，小者過而亨也。」其卦三、四陽爻為陰爻所包，陰為小，小者過於大者，故云小者過也。小者眾，行事可以亨矣，然亦以小事為宜。君子體此象，乃知稍過禮數勝於不及，則其行為與其不恭，不如過恭；遇喪事與其不哀，不如過哀；自奉與其不儉，不如過儉。此皆小過而宜者也。

(63) 既濟 ䷾

水在火上，既濟。君子以思患而豫防之。

　　既濟卦離下坎上，坎為水，離為火，故曰「水在火上」。水就下，火炎上，水火相交而事成，乃居安思危之時也。卦辭云：「既濟，亨小，利貞，初吉終亂。」亨小者，李鼎祚《周易集解》引虞翻云：「小謂二也。柔得中故亨小。」意即柔得中而亨，謂毋矜誇其成也。且事既成則亨漸小矣。六爻俱正，故利於貞正。初吉終亂，則孟子言「生於憂患，死於安樂」，其義近之。朱熹《周易本義》云：「亨小，當為小亨。」然帛書《周易》亦作「亨小」，且「亨小」之義尤勝「小亨」，則似無可疑矣。君子體既濟之象，深明「福兮禍之所伏」之理，乃思危患而預防之，以免終亂也。

(64) 未濟 ䷿

　　火在水上，未濟。君子以慎辨〔原文如是〕物居方。

　　未濟卦坎下離上，離為火，坎為水。火炎上，水就下，水火不交，不相為用，事未成之時也。本卦爻俱失位，然剛柔相應而其志行。君子體此未濟之象，乃慎辨事物之理，使各居其宜居之方，則物可相濟而事可成矣。

綜論

　　六十四卦的象辭，都包含實用的管理哲學。其中最具涵蓋性的是乾象的「自強不息」和坤象的「厚德載物」，前者為己，後者對人。進德修業是管理者的抱負。能自強不息，就能不斷增加知識和強化一己的處事能力。所以，自強是管理的先決條件。有諸

己而後求諸人，則人服從。但是，求諸人而過嚴，就未免近乎苛刻。一位已經厚其德的管理者不會對人苛刻，而適度的包容反而令人心悅誠服，樂於改過。這是管理的大方向。其他六十二卦象辭所說的，主要是因不同的時勢所建議的行動，是因勢利導和轉危為安的方法。如果沒有自強不息的毅力、厚德載物的修養，便容易因知識、能力所限和私欲所蔽而錯判時勢，恐怕就稱不上具有管理才能了。

〈乾文言〉云：「貞固足以幹事。」貞正剛毅是管理者最重要的品質，自強正是要使自己貞正剛毅，因為「其身不正，雖令不從」（《論語・子路》），所以正己而後正人，有諸己而後求諸人，才符合管理之道。先修德、後教化是管理者進德修業應有的次序。〈象傳〉所說的「果行育德」（蒙）、「懿文德」（小畜）指修德，「多識前賢往行，以畜其德」（大畜）、「非禮弗履」（大壯）、「懲忿窒欲」（損）是修德法門，「正位凝命」（鼎）、「思不出其位」（艮）指正其心，守其位，「振民育德」（蠱）、「觀民設教」（觀）、「居賢德善俗」（漸）、「制數度，議德行」（節）、「辯上下，定民志」（履）指成教化，移風俗，都是修德教化、正己正人的指引。

修德要不斷反省，〈象傳〉的「反身脩德」（蹇）、「恐懼脩省」（震）都強調反省的重要性。

真正的強者深明「庸言之信，庸行之謹」的道理，為免言行出錯而造成壞影響，做事反而不逞強而趨於謹慎。〈象傳〉所說的「慎言語」（頤）指慎言，「非禮弗履」（大壯）既是修德的方法，也

是慎行的表現。「作事謀始」（訟）、「思患而豫防之」（既濟）、「慎辨物居方」（未濟）則是慎始。

謹慎並非猶豫不決。經過「慎辨物居方」之後，行事便要果斷而有恆。〈象傳〉所說的「立不易方」（恆）是果斷，「言有物而行有恆」（家人）、「永終知敝」（歸妹）是有恆，而「知敝」更說明了「永終」的過程並非一成不變，而是要適時評核和改善的。「見善則遷，有過則改」（益）是管理者待人處事的大原則。

〈乾文言〉又云：「利物足以和義。」利物是領導者的責任。利物出於無私，以一己的無私勸導眾人無私，乃義之所宜者。這和「厚德載物」所言的容物頗有相同之處，都出於無私。從事管理的人如能容物利物，對同事和下屬有包容之心，更易於建立團隊精神。包容不是放縱，包容出於仁恕，放縱則出於偏私。〈象傳〉所說的「容民畜眾」（師）、「赦過宥罪」（解）、「施祿及下」（夬），指的都是包容，「申命行事」（巽）言及行事前三令五申，正是要人民有所準備，以免疏忽犯禁，這也是容民的一端。至於「厚下安宅」（剝），指的是處剝之時，厚待其下以息其異心，雖不免近於自保其位，亦不失為穩定人心之一法。

剛愎自用則不能載物，能載物的人一定謙遜。〈象傳〉所說的「虛受人」（咸）強調了謙遜的重要性。謙遜的人願意凡事與人商量，能接受別人的意見，「朋友講習」（兌）雖然是「獨學而無友，則孤陋而寡聞」（《禮記・學記》）的正面描述，但用在行事方面，

也體現了諺語所謂「一人計短，二人計長」的精神。在商量的過程中，「同而異」（睽）是常發生的。謙遜的人不一定凡事與人意見相同，也可以相異，最重要是能獨立思考。謙遜不是阿諛，謙遜出於真誠，阿諛卻是虛偽的行為。

一位成功的領導者深明「容民畜眾」的道理，必致力於凝聚民眾力量。〈象傳〉所說的「作樂崇德」（豫）、「勞民勸相」（井）、「享于帝，立廟」（渙），指的是以禮樂和勞動聚集民眾，使他們易於管理。現在國家有國歌，學校有校歌，國家有信仰或主義，機構有使命和願景，國際有體育比賽，團體有體藝活動，都有助於加強群眾或群體的歸屬感。

管理自然涉及賞罰。管理者要有明察之力、公正之心、公平之行，才會賞罰分明。〈象傳〉所說的「類族辨物」（同人）、「遏惡揚善」（大有）、「稱物平施」（謙）、「明罰勑法」（噬嗑）、「折獄致刑」（豐）、「慎用刑而不留獄」（旅）、「議獄緩死」（中孚），都值得管理者參考。

君子之行，貴乎自強。這「強」是真強，不是意氣之強。逆境是顯示真強的時刻，所以君子在迍邅之時經綸國事，在蒙昧之時果行育德，在坎險之時常德習教，在明夷之時自晦其明以臨民。管理者如能善體《易》象，逆境自強，臨危不亂，就易於化險為夷，化危為機。

真強還在於知退。知進易，知退難。年齡和體力而外，時勢是重要的考慮因素。能順應時勢而捨棄榮祿，留有用之身，待有為之時，是君子所為。所以，當小人道長之時，君子要守其節儉之德；遇困乏之時，君子要順志以謀恢復；但在澤滅木之時，君子除了因真強而獨立不懼，還要能毅然遁跡，不再留戀祿位，免得徒勞之餘，更因終日乾乾而招禍患。換言之，善於管理的人也會有不宜管理之日。遯象之「君子以遠小人，不惡而嚴」，正說明了小人道長至熾盛之時，遠引才是君子的上計。遠離小人，也不必遷怒於小人，正是要保持人格的尊嚴。